공/포/주/의

세계 귀신 지도책

페더리카 마그랭 글 · 로라 브렌라 그림 · 김지연 옮김

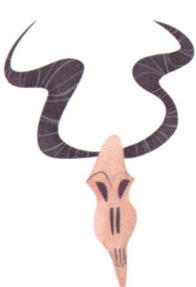 

차례

소개합니다!
4쪽

유럽
6쪽

신화
18쪽

중동
26쪽

아시아
34쪽

 일본 요괴 46쪽

아프리카
50쪽

오세아니아
82쪽

북아메리카
58쪽

마지막 도전
90쪽

중앙, 남아메리카
70쪽

 해저 괴물
92쪽

 유명한 인물 유령들
94쪽

오싹오싹 괴물과 유령을 소개합니다!

만나서 반가워요, 친구들! 내가 누군지 궁금하겠지요.
음, 언뜻 보기엔 선생님처럼 보일 수도 있겠지만, 사실 나는 유령 사냥꾼이에요. 내 입으로 직접 말하긴 좀 그렇지만, 가장 유명한 사냥꾼 중 하나랍니다.
내 이름은 반 헬싱. 아주 뛰어난 유령 사냥꾼이지요. 나를 주제로 한 영화가 나오기도 했어요!
뭐, 어쨌든 지금은 이 책이 어떤 책인지에 대해 알려줄 때군요. 이 책을 선택한 여러분은 오싹오싹, 무시무시한 괴물과 유령, 요괴들의 세계에 관심이 있다는 뜻이겠지요. 그래서 말인데, 정교하고 강력한 무기를 휘두르는 소위 전문가들이라고 말하는 사람들의 말은 너무 믿지 마세요. 전문가들을 상대하기 위해 가장 필요한 것은 기술이 아니라, 정보입니다.
그것이 바로 내가 나의 영원한 적, 드라큘라 백작을 잡을 수 있었던 무기였어요. 아, 나는 너무 작고 어리석은 유령은 잡지 않아요. 하지만 뱀파이어의 왕, 드라큘라는 잡았어야 했죠! 드라큘라를 잡으려면 마늘과 성수만 있으면 된다고 믿나요? 오, 그러지 마세요. 머리를 써야죠. 괴물, 유령, 요괴를 잡으려면 먼저 괴물, 유령, 요괴에 대해 잘 알아야 해요. 번뜩이는 재치와 순간적인 기술도 정보가 있어야 나온답니다.
이 책과 함께 여러분은 한을 품은 유령, 떠도는 영혼, 그리고 잔혹한 괴물을 만나게 될 거예요. 그러니까 지금 여러분에게 가장 필요한 것은? 바로 용기와 도전이겠지요!

이 책을 읽는 방법!

이 책은 이해를 돕기 위해 지역별로 분류했어요. 그러니까 세계의 각 지역에 사는 유령들을 쉽게 알아볼 수 있게 한 것이지요. 유령 지도도 있어요!
다양한 유령과 괴물, 요괴들에 대해 쉽게 설명했어요. 어떤 것은 가장 많이 알려진 사실에 대해서, 어떤 것은 목격담에 대해서, 또 어떤 것은 전해지는 전설에 대해서 설명하고 있답니다. 그리고 각 요괴에 대한 특징과 어떻게 요괴들을 물리치는지에 대한 정보도 있어요. 명성과 잔인함을 모두 갖춘 아주 유명한 괴물이나 유령은 더 자세한 정보로 소개하고 있어요. 마지막으로 유명한 유령과 물속, 신화 속 유령도 만나볼 수 있어요. 그러니까 이제 유령들의 세상으로 떠나봅시다!

머리 없는 남자

출몰 지역
으스스한 스코틀랜드의 에든버러 성.

특징
중세 기사의 유령으로, 17세기에 잃어버린 머리를 찾아 헤매요. 고대의 성은 유령들이 자주 출몰하는 장소로, 마녀처럼 복도를 누비며 다녀요. 하지만 거대한 성에는 너무나도 많은 복도와 방이 있어서 유령을 만나는 일이 쉽지만은 않죠. 떠돌아다니는 유령은 사람들의 눈에 쉽게 띄지 않는답니다.

물리치는 방법
머리가 없어 볼 수가 없어서 바로 앞에 서 있어도 누가 있는지를 모를 거예요. 그러니까 두려워 할 것 없어요. 어쩌면 하염없이 떠도는 이 유령이 가여워서 머리를 같이 찾아주고 싶은 마음이 들 수도 있어요. 하지만 절대 그러지 말 것! 머리를 찾는다면 어떤 모습으로 변할지 몰라요!

그린 레이디

출몰 지역 스코틀랜드

특징
메이 성에 사는 유령 그린 레이디는 슬픔에 빠진 작은 소녀로, 비극적인 사랑 때문에 목숨을 잃고 유령이 되었어요. 그린 레이디를 만난다면 웃는 모습을 보이도록! 그런다고 그린 레이디의 떠도는 운명이 바뀌지는 않겠지만, 그래도 힘이 될 거예요.

네스호의 괴물(네시)

출몰 지역
스코틀랜드 북쪽에 있는 네스호의 깊고 어두운 물속.

특징
거대한 몸과 뱀처럼 긴 목, 작은 머리에 지느러미를 가진 괴물이에요. 이 무시무시한 물속 괴물은 네스호에서 산다고 전해지며, 아주 빠르게 헤엄을 친다고 해요. 땅에서도 뱀처럼 스르르 미끄러지듯 움직인다고 하니, 조심해야 합니다.

물리치는 방법
네스호의 괴물을 찍은 사진도 있는데, 항상 물속에서 헤엄치는 모습이에요. 그러니까 굳이 네시를 무찌르기 위해 네스호에서 보트를 타고 호수를 누비지 마세요. 좋은 생각이 아니거든요. 거대한 몸집에 공격적인 네시를 만난다면, 이기기 힘들 거예요. 전설에 의하면 566년에 한 수도승이 네시의 공격을 당해 목숨을 잃은 남자의 장례식에 참석했다고 해요. 그러니까, 무모하게 도전하지 말 것!

펜들 힐

출몰 지역 영국

특징
어두운 곳은 펜들 힐이 가장 좋아하는 장소예요. 예전에는 12명의 마녀가 이 어둡고 칙칙한 곳에 살았다고 해요. 이 마녀 유령은 복수를 위해 떠돈다고 하니, 이들이 사는 곳에 가려면 꼭 부적을 가지고 가세요. 어떤 공격을 할지 몰라요!

래핑 고스트

출몰 지역
체임버 쿰 저택(고대 영국 저택)의 침실에서 스멀스멀 나타나요.

특징
이 여자 유령은 호기심이 많은 방문객을 보면 모습을 나타냅니다. 만나본 사람들은 이 유령이 무섭다기보다 편안한 모습이라고 해요. 오싹한 모습도 아니고, 겁먹게 만드는 소리를 내는 것도 아니에요. 가장 큰 특징은 항상 웃고 있다는 것!

물리치는 방법
물리칠 필요가 없어요. 착하고 친절한 유령으로, 무섭지 않아요. 그래서 이 유령을 만나고 싶어 하는 사람들이 많죠. 정말로 만나보게 된다면, 운이 좋은 것일지도 몰라요. 래핑 고스트를 만나려면 공기가 차가운 곳을 찾으세요. 특히 체임버 쿰 저택에는 서늘한 장소가 많다고 해요. 추위를 느낄 만큼 차가운 이곳에서는 유령이 자주 출몰한대요.

제보당의 괴수

출몰 지역 프랑스

특징
제보당의 괴수는 늑대처럼 생겼지만, 덩치가 더 크고 잔혹하며 사람의 피를 찾아다녀요. 이 괴수를 잡는 것은 거의 불가능하답니다. 하지만 제보당의 괴수가 두려워하는 것이 딱 하나 있는데, 그것은 바로 '소'입니다. 그래서 괴수들이 출몰하는 장소에 갈 땐 소를 데려가면 된다고 해요. 그럼 안전하게 지나갈 수 있을 거예요.

골렘

출몰 지역
체코 프라하의 유대교 회당 다락방에 숨어 살아요.

특징
마치 점토로 만든 거인처럼 생겼고, 머물 장소를 제공해주는 사람이라면 아무런 의심 없이 복종합니다. 이런 괴물 친구를 하나 만들고 싶다면, 유대교의 카발라(옛날부터 선택된 유대인에게만 전해져 왔던 비밀의 가르침을 기록한 것으로, 말로 전하여 내려오는 이야기를 뜻하기도 한다)에서 지혜를 얻으면 됩니다. 전설에 따르면, 골렘은 엄청난 힘을 가진 괴물이지만 뇌가 없어 아무것도 느낄 수가 없다고 해요.

물리치는 방법
아주 강력한 힘을 가졌고, 한 번 힘을 쓰기 시작하면 아무도 막을 수 없어요. 주인의 명령을 받으면, 바로 수행하지요. 하지만 딱 한 가지 골렘의 폭주를 막을 방법이 있는데, 그것은 바로 히브리어로 '죽음'이라는 단어를 종이에 써서 골렘의 이마에 붙이는 것이랍니다. 물론 문제는 어떻게 붙일지가 고민되겠지만 말이에요. 사다리를 써야 할 수도 있겠죠!

포베글리아

출몰 지역 이탈리아

특징
섬 전체에서 유령이 출몰한다는 곳, 포베글리아는 옛날에 한센병 병원으로 격리되었던 곳이었어요. 이후에는 정신 병원으로 사용했다고 해요. 그 때문인지 이곳은 괴상한 소리를 지르는 영혼이 떠돌아다니고, 사람들을 보면 놀래 키며 주변을 맴돈다고 합니다. 담력을 제대로 시험해 보고 싶다면, 한 번 방문해 보세요!

문샴 성

출몰 지역 오스트리아

특징
문샴 성은 수백 명의 귀신과 유령, 마녀가 사는 곳이에요. 이들은 모두 복수심에 불타있어요. 이들만으로도 모자라는지 이곳에는 늑대 인간도 살고 있어요. 아주 위험하고 무서운 곳이므로, 두려워하는 것이 전혀 없는 사람이라면 한 번쯤 시험해 볼 수도 있겠지만 추천하지는 않아요!

고블린

출몰 지역
전 세계에 퍼져 있으며, 지하 동굴에 숨어있어요.
박쥐를 타고 날아다니기도 해요.

특징
작은 남자의 모습을 하고 있지만, 매우 작으며 피부색은 갈색에서 빨간색까지 다양해요. 귀와 코, 턱 끝이 뾰족한 모양입니다. 지저분하고 악마 같으며 교활해요. 힘이 센 것은 아니지만 유혹적인 물건으로 사람을 꾀기도 하고, 여러 명이 함께 몰려다니며 놀라게 해요. 우르르 몰려다니는 고블린 무리는 정말로 무섭답니다!

물리치는 방법
작고 이상한 색깔의 낯선 모습을 한 괴물이 장난감을 주겠다고 유혹하거나, 갖고 싶어 하는 물건을 주겠다고 하며 따라오라고 한다면, 절대로 믿지도, 따라나서지도 말 것! 마음을 꾀어 데려가려는 고블린일 겁니다. 만약 속임수에 당해 따라나서게 되었다면, 고블린 부대를 만나게 될지도 몰라요. 그때는 아무것도 통하지 않을 것이므로, 크게 소리쳐서 도움을 청하세요!

바벨용

출몰 지역 폴란드

특징
바벨용은 폴란드의 크라쿠프에 있는 바벨 언덕 아래 어두운 동굴에 사는 용이에요. 무자비하고 강력한 용으로, 거슬리는 게 있으면 모두 파괴해 버리죠. 다행히도 물리칠 방법이 하나 있어요. 전설에 따르면 한 소년이 바벨용을 유황 가루로 처치했다고 해요.

드래그홀름 성

출몰 지역 덴마크

특징
드래그홀름 성에는 화이트 레이디라는 유령이 살고 있으며, 이곳에 사는 유령은 이뿐만이 아닙니다. 이곳을 방문했다면, 그레이 레이디, 말을 탄 보스웰 백작 유령, 수사 유령, 무장한 기사 유령 등 다양한 유령을 만나게 될 거예요. 유령을 하나도 보지 못하는 것이 불가능한 곳이지요!

트롤

출몰 지역
물 가까이에 있는 동굴, 숨겨진 숲, 불빛이 아예 없는 어두운 곳에 살아요.

특징
아주 못생겼고 지저분하며, 사마귀가 있는 커다란 코에 뻣뻣한 털이 난 꼬리를 가진 괴물이에요. 폭력적인 성격에 사람들을 유혹하는 못된 괴물로, 힘도 세답니다. 하지만 딱 한 가지 트롤이 무서워하는 게 있다면 그것은 바로 밝은 빛! 햇볕을 쬐면 바로 돌로 변해요. 하지만 굳이 가까이 다가가지는 마세요. 고약한 냄새 때문에 먼저 쓰러질지도 모르니까요.

물리치는 방법
트롤의 힘보다 교활함에 집중할 것. 무조건 힘이 더 셀 것이고 어떤 무기로도 당할 수가 없을 거예요. 대신 트롤의 약점을 노려요. 낮에 트롤을 만났다면 밝은 숲의 입구나 동굴 밖으로 뛰어요! 자신만만하게 따라오더라도 햇볕을 쬐면 바로 돌로 변할 테니 걱정 마세요. 밤에는 횃불을 반드시 들고 다니세요. 횃불 때문에 돌로 변하지는 않겠지만, 빛을 보면 도망갈 거예요.

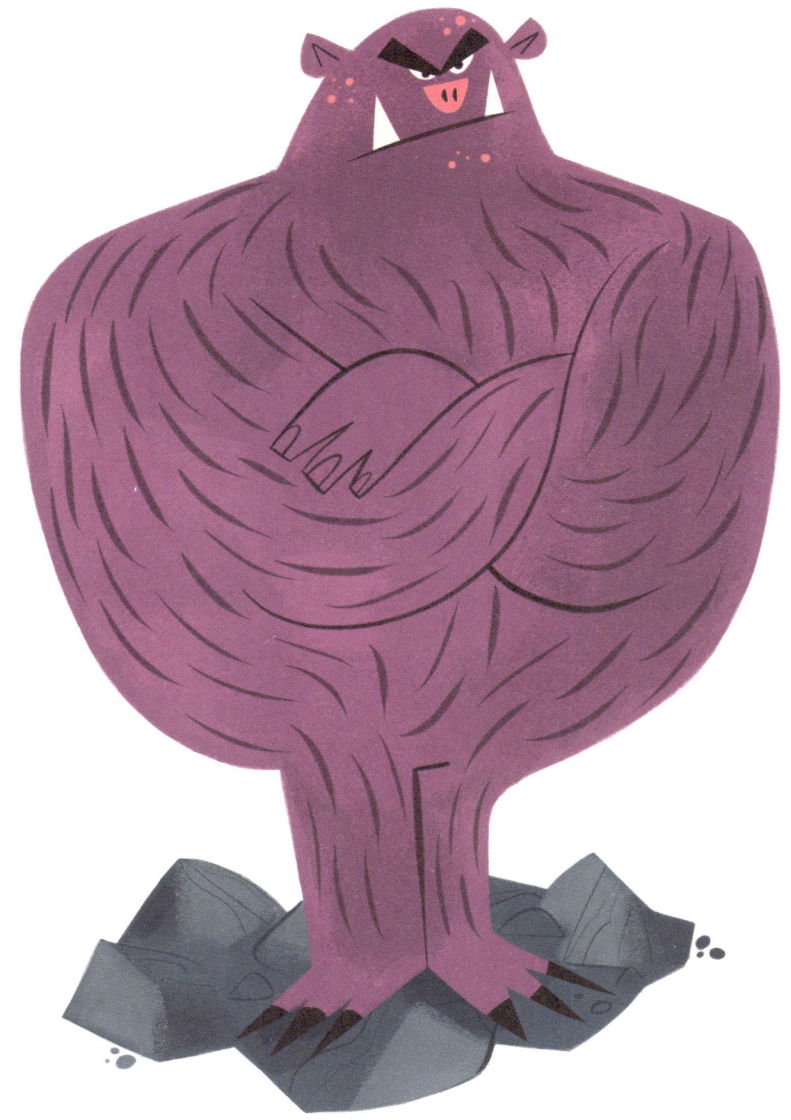

오그르

출몰 지역
북유럽

특징
몸집이 크고, 힘이 세며, 못생겼고, 털이 북슬북슬한 오그르는 정말 구역질 나는 괴물이에요. 동굴이나 늪에 살며 사람을 사냥하지요. 힘보다는 머리를 써서 오그르의 코를 때리세요. 다른 괴물들과는 달리 오그르는 멍청해서 잘 속아요.

드라큘라

출몰 지역
트란실바니아 브란성의 관 속에서 살며, 밤마다 박쥐의 모습으로 날아다녀요.

특징
뱀파이어 중에서 가장 유명하며, 야행성인 드라큘라는 사람이나 동물의 피를 먹고 살아요. '죽지 않은 유령' 중 하나로 여겨지며, 그래서 죽이기가 어렵습니다. 창백한 얼굴에 긴 송곳니를 가지고 있으며, 송곳니로 사냥감을 물어 피를 빨아먹어요.
햇볕을 싫어해 낮에는 활동하지 않으며, 종교적인 장소를 꺼립니다. 어떤 뱀파이어는 착하다고도 하지만, 드라큘라는 절대 그렇지 않아요. 아주 강하고, 교활한 악마예요!

물리치는 방법
드라큘라가 가장 강력한 유령 중 하나임은 틀림없지만, 드라큘라에게도 몇 가지 약점이 있어요. 알려진 바에 의하면 드라큘라는 마늘을 싫어해요. 목에 마늘 목걸이를 걸고 있으면 드라큘라가 송곳니를 드러내지 않을 거예요. 관 속에서 자고 있는 드라큘라를 발견하면, 말뚝으로 가슴을 찌르면 됩니다. 조금 더 어렵지만, 또 하나의 방법은, 드라큘라를 성 밖으로 유인해 햇볕을 쬐도록 하는 것이에요.
햇볕을 쬐면 재로 변하거든요. 성수와 십자가도 드라큘라가 싫어한답니다.

드라큘라가 잠든 곳

드라큘라 성에 발을 들이려면 엄청난 용기가 필요할 것입니다. 그래도 혹시 드라큘라를 만나고 싶다면 어둡고 커튼이 쳐져 있어 햇볕을 완전히 막고 있으며, 우아하고 아름다운 가구와 장식이 있는 곳으로 가세요. 물론, 들어가자마자 도망치고 싶을 테지만 말이에요. 등줄기에 땀이 흐르며 오싹한 기분이 든다면, 본능에 따르도록! 무조건 도망치되, 절대 뒤를 돌아보지 마세요! 하지만 그런데도 드라큘라와 꼭 만나고 싶다면, 성안에 있는 닫힌 관을 두드려 보세요. 다시 한 번 말하지만, 무조건 조심하세요. 관에서 날아올라 단숨에 목덜미를 물지도 몰라요!

뱀파이어

드라큘라에게 물리면 목숨을 잃어요. 목덜미를 물고 피를 빨아먹는 순간, 바로 죽을 수도 있어요. 하지만 그보다 더 무서운 것은 정말로 죽지 않는다는 것이에요. 드라큘라에게 물리면 순간 죽은 듯 쳐졌다가, 뱀파이어가 되어 버려요. 뱀파이어가 되고 싶지 않다면, 성을 방문할 때 마늘 목걸이를 걸고, 성수와 십자가를 지녀야만 안전할 거예요.

프랑켄슈타인의 괴물

출몰 지역
스위스와 영국 등지를
떠돌아다니며,
때로는 북극에서도
나타나요.

물리치는 방법
가장 좋은 방법은
만나자마자 도망치는
것입니다. 이 괴물을
만난다면, 왜 도망쳐야
하는지 단번에 알 수가
있을 거예요. 하지만
무자비한 악마와 같은
프랑켄슈타인 괴물에게도
약점이 있는데, 스스로가
사람들과 친해질 수 없어
슬프다고 생각하고 있다는
거예요. 이 괴물을 가여워하며
친절함을 보인다면, 그리고 그동안
공격을 받지 않는다면, 어쩌면
친구가 될 수 있을지도 몰라요.

특징
누가 봐도 괴물처럼
보이는 모습이에요.
분해된 몸체에서 재탄생한 괴물로,
꿰매어진 노란 색의 피부가 장기를
감싸고 있어요. 까만 입술에 초점
없는 눈을 한 프랑켄슈타인 괴물의 몸은 온통
흉터로 가득하고, 그 어떤 사람보다도 몸집이 커요.
무지막지하게 강한 힘을 가지고 있고,
어떤 것으로도 막을 수 없어요.

과학자의 성

버그 프랑켄슈타인 성은 독일의 다름슈타트가 보이는 언덕 위에 있는 황폐한 성이에요. 빅토르 프랑켄슈타인 박사가 근처의 묘지에서 시체를 가져와 실험하던 어두운 성으로, 폭풍우가 휘몰아치던 어느 날 밤, 시체에 전기 자극을 주어 깨워보려던 박사의 시도로 인해 이 무시무시한 괴물이 탄생했어요. 절대 해서는 안 될 실험이었죠.
따라서 이 괴물의 진짜 이름은 '프랑켄슈타인 성의 괴물'이랍니다.

아담스 가족의 친척

아담스 가족에 대해 안다면, 아담스 가족들이 프랑켄슈타인의 괴물과 조금 닮아있다는 것을 알아챌 것입니다. 큰 몸집에 우둔하고, 힘이 세지만 어두운 성격의 아담스 가족은 이 괴물과 비슷한 눈을 가지고 있어요. 아담스 가족은 프랑켄슈타인 괴물의 먼 친척이나 후손이 아닐까요?

아주 오래전, 유럽의 중심은 고대 그리스였어요. 플라톤이나 아리스토텔레스와 같은 위대한 철학가들이 태어난 곳이에요. 지금까지도 유명한 일리아드나 오디세이 같은 시가 쓰였던 시기이기도 했지요. 하지만 이 책은 역사책이 아니니, 이 시대가 바로 무수한 괴물과 유령, 신화들이 말로 전해졌던 시기에요. 이곳이 바로 그 근원지였다는 사실을 알려주려고 해요.

세이렌

출몰 지역
지중해 인근에 있는 섬 해변에서 무리를 지어 떠돌아다녀요.

특징
만화를 통해 세이렌을 만나보았다면 속지 말 것! 세이렌은 절대 친절한 유령이 아니며, 몸의 반은 여자, 반은 새인 유령이에요. 신화 속에서 표현된 세이렌은 정말 못됐고, 잔인하며, 머리는 사람과 같은 여자의 모습에 몸은 날개와 긴 발톱이 있는 새의 모습이에요. 아름다운 노래를 부르며 선원들을 유혹해서 위험에 빠트렸어요. 세이렌, 또는 사이렌이라고 부릅니다.

물리치는 방법
배를 타던 중 매혹적인 노랫소리가 들린다면 세이렌일 수도 있으니 일단 경계하고 조심해야 해요. 세이렌의 아름다운 노래를 무시하기란 쉬운 일이 아니지만, 신화 속에서 영웅 오디세우스처럼 한다면 위험에서 벗어날 수 있어요. 오디세우스는 자신의 몸을 돛대에 묶어 세이렌에게 홀려 바다에 뛰어들지 못하게 했답니다. 또 다른 방법은 양초를 귀에 꽂아 노래를 아예 듣지 않는 거예요.

케토

특징
케토는 바다의 괴수로 거대한 고래처럼 생겼어요. 하지만 고래와 달리 아주 무서운 괴물이지요. 바닷속에 살면서 배를 타고 나온 선원에게 겁을 주고 놀라게 하는 것이 케토가 제일 좋아하는 일이에요. 아무리 크고 안전한 배라도 케토의 공격을 받으면 안전하지 못해요.

키르케

특징
키르케는 아주 아름다운 여자의 모습을 한 유령이에요. 기괴한 공격을 하지는 않지만, 그렇다고 해서 키르케가 무섭지 않은 것도 아니랍니다. 이 마녀는 남자를 동물로 바꾸는 마법의 약을 만들어요. 키르케가 마셔보라고 권하는 것은 그 어떤 것이라도 절대 마시지 말고, 신성한 허브인 '몰리'를 가지고 다니세요. 혹시라도 마셨을 때 치료약이 되어줄 거예요.

켄타우로스

특징
켄타우로스는 몸의 반은 말, 반은 남성인 괴수로 건장하고 드센 동물과 사람의 모습을 갖췄습니다. 아주 똑똑하며 파괴적인 성격을 가진 켄타우로스는 종잡을 수 없는 특이한 본성을 가지고 있어서 마주친다면 도망가는 것이 가장 좋은 방법이에요!

키클롭스

출몰 지역
자연 동굴 안에서 살며 아무하고도 접촉하지 않아요.
양떼 목장 근처에서 주로 출몰합니다.

특징
아주 거대한 몸집을 가진 키클롭스는 외눈박이 괴수예요.
가장 큰 특징은 어마어마하게 센 힘이며, 주로 금속으로 무언가를
만들 때 그 힘을 사용하지만, 위협을 받으면 적에게 힘을 쓰게 되지요.
하지만 똑똑하거나 현명하지는 못해요.

물리치는 방법
키클롭스의 힘을 이기기란 거의 불가능해요. 몇 초 내로 내동댕이쳐질
거예요. 작은 몸집과 빠른 속도를 이용하여 달아나거나, 잔머리를
굴려보도록 해봐요. 키클롭스의 외눈을 공격하여 눈을 멀게 한다면
이길 수도 있다는 전설이 있어요.

카르키노스

특징
거대한 게의 모습을 한 괴수입니다.
주로 습지대에 서식하며, 숨어있다가 적을
발견하면 바로 튀어 올라 공격해요.
강력한 무기인 집게발로 공격하므로,
가능한 한 멀리 달아나거나 맞서게 된다면
거대한 밧줄로 집게발을 꽁꽁 묶으세요!

스킬라와 카리브디스

특징
스킬라와 카리브디스는 바다 괴물로, 서로 근처에 서식지를 두고 있어요.
스킬라는 머리가 여섯 개 달린 개의 모습에 뱀처럼 생긴 긴 다리를
가지고 있어요. 카리브디스는 칠성장어의 모습을 하고 있으며,
거대한 입과 수많은 이빨을 가진 괴물이에요.
소용돌이를 일으켜 어떤 것이든
빨아들이듯 잡아먹어요.

하피

출몰 지역
지구의 땅과 지옥 사이에 있는 죽음의 왕국.

특징
날카로운 발톱을 가진 새의 몸에 여자의 머리가 달린 하피는 먹이를 찾아 날아다니며 사냥을 합니다. 아래로 쏜살같이 내려가 발톱으로 사냥감을 낚아채지요. 잡은 사냥감을 죽음의 왕국으로 가지고 가서 무시무시한 고문을 해요. 하피의 서식지 근처를 지난다면, 반드시 하늘을 경계하세요!

물리치는 방법
가장 좋은 방법의 하나는 미끄러운 것으로 옷이나 피부를 감싸는 것입니다. 그러면 하피가 발톱을 이용해 재빠르게 낚아채기 어렵거든요. 하피를 잡고 싶다면 아주 거대한 그물을 준비해서 새를 잡듯이 잡아야만 합니다.

키메라

특징
키메라는 머리가 셋 달린 괴수로, 제일 큰 머리는 사자, 그다음 머리는 염소, 꼬리 근처에 있는 마지막 머리는 뱀의 모습을 하고 있어요. 입에서 불이 나오며, 뱀의 머리에는 독이 있어 물리면 바로 죽을 수도 있어요. 키메라를 물리치려면 우선 방화복을 입어야 하고, 해독제를 준비해야 해요.

미노타우로스

특징
미노타우로스는 사람의 몸에 황소의 머리를 가진 괴수입니다. 동물의 머리를 가지고 있어서 동물적 본능에 의존하며, 위협적이고 사나워요. 하지만 그래서 미로에 갇혀 빠져나오지 못하고 있답니다. 미로 속에 들어가 열심히 찾지 않는다면, 미노타우로스와 마주칠 일은 없어요.

히드라

출몰 지역
아미모네강 근처의 습지대에서 서식하며, 레르네 마을에 가서 사람들을 놀래 키곤 합니다.

특징
가장 강력하고, 엄청나게 위험한 괴수 중 하나예요. 뱀의 몸을 하고 있으며, 머리가 아홉 개 달려 있어요. 머리 중 하나는 불멸의 머리로, 그 어떤 영웅도 이길 수 있어요. 숨에 독이 스며있기 때문에, 히드라가 입김을 후 불기만 해도 죽음에 이를 수 있을 만큼 강력하답니다. 피와 발자국에도 독이 있으므로, 몸 전체가 위협적인 괴수예요.

물리치는 방법
히드라를 물리치려면 헤라클레스가 되어야 해요. 그가 유일하게 히드라를 물리쳤던 신화 속 인물이기 때문이지요. 먼저, 불화살을 쏘아 히드라의 모든 머리를 공격해요. 물론, 히드라의 머리는 다시 자라겠지만요. 이것을 막기 위해 헤라클레스는 계속해서 불을 썼고, 불멸의 머리를 바위 아래에 넣어 다시는 못 나오게 했어요. 히드라를 이기려면 적어도 헤라클레스 정도의 지혜와 힘은 있어야만 한답니다.

피닉스

특징
피닉스는 불사조로도 알려져 있어요. 몸이 다 타버려도, 재에서 새로운 몸이 나오는 불멸의 상징이지요. 고상한 새의 모습에 밝은 깃털을 가진 피닉스는 매혹적이고 신비하며 또 놀라운 힘을 가진 괴물이에요.

바실리스크

특징
바실리스크는 작지만, 치명적이고 굉장히 위험한 뱀 괴수예요. 한 번 노려보거나 입김을 후 불기만 해도 상대가 돌로 변하거나 먼지가 되어버린답니다. 그저 지나가는 것만으로도 땅 전체를 사막으로 만들어버릴 만큼 힘이 강력해요. 그러니 작다고 쉽게 생각하지 말 것! 더 크고 힘이 센 사람이라도 바실리스크의 상대가 될 사람은 없어요!

케르베로스

출몰 지역
신화 속에서 저승을 일곱 바퀴 돌아 흐르는 강인 스틱스강을 지키는 괴수로, 하데스라는 지옥 문지기입니다.

특징
모습은 개의 형상이나, 일반적인 개를 상상하면 안 됩니다. 훨씬 큰 몸집에 머리는 셋이고, 물면 치명적인 상처를 입히는 날카로운 이빨을 가지고 있어요. 털 사이로 길게 뻗은 몸의 맨 끝에는 무시무시한 뱀이 달려 있습니다. 꼬리처럼 보이는 이 뱀은 강력한 독을 가지고 있어요.

물리치는 방법
리라라는 악기를 연주하면 잠이 든다고 전해지지만, 어렵다면 클래식 음악을 트는 것만으로도 충분하다고 해요. 또 한 가지 방법은 먹을 것을 던져주는 것입니다. 빵을 좋아한다고 하지만, 사실은 고기를 제일 좋아해요. 하지만 가장 간단한 방법은 막대기로 개를 조련하듯 속임수를 써 보는 것! 막대기를 던져 찾아오라고 해 보세요!

지나갈 수 없는 곳
여기를 지나가는 것은 거의 불가능해요. 하데스는 지옥으로, 살아있는 생명이 들어갈 수 없는 곳입니다. 하지만 오르페우스, 아이네아스, 헤라클레스는 가 본 적이 있다고 해요! 셋은 어떻게 케르베로스를 물리쳤을까요? 오르페우스는 곡을 연주했고, 아이네아스는 빵을 주었으며, 헤라클레스는 아예 다른 방법을 택했어요. 헤라클레스는 케르베로스를 완전히 물리쳐 하데스에서 벗어나게 했답니다.

단테의 케르베로스

지옥의 개, 케르베로스는 단테의 〈신곡〉에 등장해요. 작품 속의 케르베로스는 지옥 왕국을 지키는 개가 아니라, 탐욕스러운 자들을 가두어 둔 지옥 입구를 지키는 개로 나와요. 단테의 케르베로스는 붉은 눈에 부푼 배, 그리고 긴 발톱을 가지고 있는 모습이에요. 작품 속에서는 훨씬 더 무서운 괴수로 묘사되었어요.

위대한 힘이 흐르는 강

스틱스강은 지옥을 보호하는 강이에요. 고대 그리스 신들은 스틱스강에 대고 맹세를 했으므로, 절대적인 강이었지요. 신들의 아버지인 제우스가 자신을 배신한 신들을 두려워하여 스틱스강의 물을 마시게 해 혼수상태에 빠트렸다고도 해요. 스틱스강을 헤엄친 자는 무적의 힘을 얻게 되었다고 합니다.

에일

출몰 지역
아프가니스탄과 타지키스탄 사이에 있는 힌두쿠시산맥에서 인적이 드문 곳.

특징
이 여자 유령은 긴 머리카락에 거의 투명하고 창백한 피부를 가지고 있으며, 눈동자가 없어요. 햇볕이 들지 않는 곳에서 해 질 녘에 모습을 드러내며 늘 무언가를 하고 있어요.

물리치는 방법
방해받지 않으면 평온한 상태를 유지하고 있으며, 공격하려 하지 않아요. 그저 혼자 두기만 해도 아무런 일 없을 거예요. 하지만 존중하지 않는 태도를 보이거나 화나게 하는 행동을 한다면, 굉장히 난폭하고 무시무시한 요괴의 모습으로 변해 공격을 취할 거예요. 그런 경우에는 무조건 도망가서 숨으세요. 화난 에일을 이기는 방법은 없습니다.

쿠자타

출몰 지역
아라비아반도

특징
괴물의 모습을 한 황소로, 4000개의 눈과 입, 귀, 그리고 뿔을 가지고 있어요. 이런 황소와 대결한다는 것은 상상만으로도 끔찍하지요. 실제 황소처럼 쿠자타 역시 공격적인 성격이니 절대 화나게 하지 마세요!

마리드

출몰 지역
주로 드넓은 해양의 물속에 숨어있으며, 아랍 국가 근처의 해양에 살고 있어요.

특징
초자연적인 힘을 가진 강력한 진니(이슬람 세계에서 널리 믿는 정령), 또는 엘프 과에 속하는 정령이에요. 진니 중에서도 가장 거만하고 무례한 마리드는 성격이 매우 못됐고 거칠며, 조금이라도 화나게 만드는 것이라면 무조건 공격합니다.

물리치는 방법
이 교활하고 똑똑한 정령을 물리치려면 힘보다는 지혜가 필요해요. 마리드가 주로 쓰는 마법에 대해 미리 알고 있다면 대응하기 쉬울 것입니다. 마리드의 힘을 약하게 만드는 특별한 의식이 있다고도 하니, 한 번 찾아보세요. 한 가지 특이한 점은, 속임수가 먹히면 마리드가 소원을 들어주기도 한다는 것! 나쁘지만은 않네요.

아지 다하카

출몰 지역
카스피해 인근

특징
아지 다하카는 머리가 셋 달린 용으로, 엄청난 힘과 뛰어난 지능을 가지고 있어요. 그러니 마주친다면 매우 조심해야 해요. 도전해야 할 숙제를 주고 속임수를 쓰기도 하며, 세상에서 가장 약삭빠르고 지혜로운 사람도 쉽게 당할 만큼 교활합니다.

바하무트

출몰 지역
중동의 아랍 국가

특징
상상할 수 있는 가장 큰 물고기를 떠올려보고, 그것보다도 더 큰 물고기를 또 생각해보세요. 계속 더, 더 큰 물고기를 상상하다 보면 바하무트의 크기에 가까워질 수 있어요. 그만큼 어마어마한 크기의 물고기인 바하무트는 온 세상을 들 수 있을 정도로 크다고 전해집니다. 밤하늘만큼이나 까만 바하무트가 있을 곳은 무한한 바다뿐입니다.

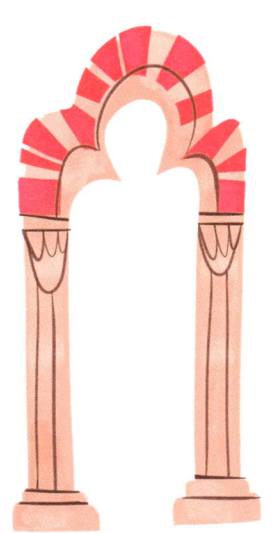

샤미르

출몰 지역
이스라엘, 예루살렘의 황폐한 솔로몬 왕의 고대 사원 속에 숨어 지내요.

특징
거대하고 어마어마한 힘을 가진 벌레 괴물로, 큰 바위도 단번에 쪼개버려요. 하지만 파괴적인 성격임에도 불구하고 사람에게는 친절한 편이며, 건설 현장에 있는 사람은 도우려고도 한대요. 탑을 만들거나, 기념비를 짓는 사람을 보면 힘을 보태주지요. 항상 어떤 일이든 하고 있는 부지런한 괴물입니다.

물리치는 방법
사실 샤미르는 물리칠 필요가 없는 괴물이에요. 엄청나게 큰 괴물이지만 천성이 착하며, 도움을 주기 때문이지요. 공격하거나 해를 끼치는 대신, 무언가를 짓고 있는 사람이라면 언제든지 돕는답니다. 조심해야 할 것은 너무 크고 힘이 세기 때문에, 누가 있는지도 모르고 밟고 다닌다는 것! 친해진다면, 함께 무언가를 만들 수 있는 친구가 될 것입니다.

흉가

지역
사우디아라비아

특징
제다, 또는 지다라는 지역에는 으스스하고 음침한 흉가가 있어요. 지붕 위에는 까마귀가 날아다니며, 이곳에 데려다줄 택시 운전기사는 없다고 보면 됩니다. 정말로 무서운 곳인 이유는, 이 집에 들어갔던 사람들은 모두 나오지 못했다는 것! 지금까지 16명이 들어갔으나 아무도 살아나오지 못했어요.

티아마트

출몰 지역
바다와 땅이 처음 생겼던 고대 최초의 바다에서 헤엄을 치며 살고 있어요.

특징
암컷인 용으로, 뱀처럼 긴 목을 가지고 있어요. 너무 강력한 힘이 있어 천지 창조 이전의 대혼란을 조종할 수 있었답니다. 순수한 힘의 정수로, 그 어떤 마왕도 이길 수 있어요. 또 한 가지, 그녀는 대단한 물건을 소유하고 있었는데, 그것이 바로 '천명의 서판'이었어요.

물리치는 방법
이런 힘을 가지거나, 맞설 수 있는 기술 또는 방법을 상상하는 것조차 힘들어요. 하지만 전설 속에서 티아마트를 무찌른 단 한 명의 신이 있었는데, 그가 바로 마르두크랍니다. 마르두크는 티아마트에게 그물을 던져 꼼짝 못 하게 한 다음 입속으로 거센 바람을 불어넣고, 화살을 쏘아 심장을 맞혔어요. 물론 그렇게 할 수는 없겠지만, 적어도 그물을 던져 움직이지 못하게 한 다음, 번 시간 동안 달아날 수는 있을지도 몰라요!

훔바바

출몰 지역   이란, 이라크

특징
훔바바는 아주 소름 끼치는 괴수예요. 용의 이빨과 창자가 온 얼굴에 나 있는 괴물을 상상해보세요. 정말 끔찍할 거예요. 하지만 이보다 더 끔찍한 것은, 초인적인 비명을 만들어 지진을 일으킨다는 것이에요!

파주주

출몰 지역   이란, 이라크

특징
파주주는 아주 무서운 악마예요. 얼굴은 인간의 모습이나 뿔이 있고, 사자의 입을 하고 있어요. 다리 끝에는 날카로운 새 발톱이, 팔 끝에는 사자의 발톱이 나 있으며, 꼬리에는 전갈 꼬리가 달려있어요. 만약 마주친다면, 무조건 최대한 빨리 도망쳐야 해요. 파주주의 입김에도 바로 쓰러질 거예요.

구울

출몰 지역
묘지나 고립되고 인적이 드문 외딴곳에서 살며, 날 수 있어요.

특징
이 괴물은 반은 인간, 반은 악마인 잡종이라고 볼 수 있어요. 남자의 모습으로도, 여자의 모습으로도 나타날 수 있으며, 모습을 쉽게 바꿔요. 금방 다시 무시무시한 악마의 모습을 할 테니, 조심해야 해요. 좀비처럼 인간의 살을 뜯어 먹지만, 시체만 찾아 먹으니 너무 걱정하지는 않아도 됩니다.
그래서 주로 묘지에서 나타나요.

물리치는 방법
반이 악마인 구울을 무찌르기란 쉽지 않아요. 근처를 지나가는 사람을 놀라게 하는 것을 좋아해서 매우 놀라는 척을 해 주면 만족스러워하며 떠날 거예요. 아니면 햄버거를 줘 보세요! 즐겨 먹는 음식은 아니지만, 행복해하며 그 선물을 받을 겁니다. 그러면 문제없이 지나칠 수 있어요.

묘지에서 소설로
구울은 소설가들에게 매력적인 대상이에요. 앙투안 갈랑의 〈아라비안나이트(천일야화)〉에서도 시체를 먹는 괴물로 등장했어요. 하워드 필립스 러브크래프트의 소설에서는 지하 세계에 사는 아주 똑똑한 괴수로 등장했지요. 무시무시하고 오싹한 이야기 속에서 시체를 먹는 악마라는 점은 이야기를 만드는 중요한 요소가 되어주지요.

도쿄 구울
〈도쿄 구울〉은 인기 있는 일본의 만화이자 애니메이션으로, 구울의 일부가 신체에 들어오게 된 학생의 이야기를 그린 것입니다. 반 괴수가 되어버린 이 학생은 자신과 같이 변해버린 사람들을 모아 인간 세계를 괴롭히는 진짜 구울과 맞섭니다. 여기서도 구울은 본래의 특징을 주목받아 스릴 있는 이야기가 완성되었어요.

프레타

출몰 지역
고립된 지역, 사막 등에서 살며, 주로 티베트의 외딴 지역에서 살고 있어요.

특징
떠돌아다니는 영혼인 이 유령은 투명하게 변신할 수 있어요.
과거에 잘못한 점을 바로 잡는 일을 해요. 항상 굶주려 있으며 탐욕스럽고, 시체나 썩은 것, 남겨진 것을 먹어 치워요. 뼈만 앙상하게 남은 모습이지만, 배는 아주 볼록한 모습이며 길고 가는 목을 가지고 있어요.
마법을 쓸 줄 알기 때문에, 조심해야 해요!

물리치는 방법
인간에게서 멀리 떨어져서 살고, 마주친다 해도 사라져버리니 문제가 될 일이 크게 없어요. 하지만 프레타와 프레타가 먹으려는 것 사이에 서 있지 마세요. 움직이지 못하게 하는 마법을 쓸 수도 있어요. 그리고 그저 놀라게 하고 싶어서 갑자기 눈앞에 나타나기도 해요. 아무렇지 않은 척하면 머리카락 하나 건드리지 않고 떠날 거예요.

시린

출몰 지역
러시아

특징
시린은 새의 몸에 여성의 팔과 얼굴을 한 괴물이에요. 인면조라고 부르기도 합니다. 시린이 행복한 미래를 약속하는 노래를 부르기 시작하면, 그것은 위험한 신호예요. 아름다운 목소리에 취해 시린을 따라가면 길을 잃을 것이고, 목숨을 잃을 것입니다. 그러니 만약 시린을 만난다면, 귀를 막고 절대 그 노래를 듣지 마세요!

락샤사

출몰 지역
인도와 스리랑카의 다양한 지역에서 살며, 묘지를 파헤치고 사람들에게 화를 내거나 공격하고, 또 종교적인 행사를 방해하는 것을 좋아해요.

특징
이 세상에 태어나기 전에는 아주 폭력적인 인간이었고, 지금은 모습을 바꾸는 괴물이 되었어요. 어떤 때에는 인간의 모습을, 어떤 때에는 동물의 모습을 하지만 언제나 사납고 공격적이며 시비를 걸어요. 모습 또한 흉악해서 독이 있는 손톱, 노란색 피부, 아주 강력한 이빨을 가진 못생긴 괴물이에요. 모습도 성격도 못생기고 아주 못됐어요!

물리치는 방법
힘이 세고 교활하며, 마법을 모두 갖춘 락샤사는 물리치기 힘든 괴물입니다. 하지만, 딱 한 가지 약점이 있는데, 바로 원숭이예요. 원숭이와 싸우면 항상 락샤사가 져요. 그러니 원숭이를 한 마리 이상 데리고 간다면 락샤사와 싸워 승리할 수 있어요.

히라냐시푸

출몰 지역 인도

특징
히라냐시푸는 아주 강력한 악마일 뿐 아니라, 불사신입니다. 어떤 무기로도 죽일 수 없으며, 누구도 이길 수 없어요. 낮이든 밤이든, 실내이든 실외이든, 어디서든 말이죠. 그러니 인간과 사자의 모습으로 해 질 녘에 나타나 악마를 사냥했던 비슈누 신이 아닌 이상, 히라냐시푸의 상대가 될 수 없어요!

반가라 귀신

출몰 지역
인도 라자스탄에 있는 도시 반가라의 버려진 건물에 살고 있어요.

특징
반가라 도시 전체를 엄청나게 많은 종류의 유령들이 차지하고 있어요. 전설에 의하면, 한 마법사가 끔찍한 저주를 반가라 도시에 내려 도시는 파괴되고 죽음이 깃들도록 했다고 해요. 밤이 되면, 폐허가 된 교회나 사원에서 오싹한 기운이 느껴지기 시작했고, 설명할 수 없는 현상들이 일어났어요. 그래서 어두워지면 들어가지 말라는 경고문이 붙어있는 곳이 있어요.

물리치는 방법
스릴을 즐기는 사람이라면 반가라 도시에 가 보도록! 하지만 기괴한 현상이나 이상한 소리, 보이지 않지만 느껴지는 것, 또 예상치 못한 공격에 대비해야만 해요. 너무나도 다양한 많은 유령이 떠돌아다녀서, 모두를 물리칠 무기를 다 들고 다닐 수도 없어요. 가장 좋은 방법은 이 도시에 낮에만 머물면서 어떤 일이 벌어졌는지에 대한 이야기만 듣고 오는 것이랍니다!

오랑 바티

출몰 지역   인도네시아

특징
오랑 바티는 원숭이와 박쥐가 섞인 잡종 괴수예요. 거대한 날개에는 검은 막이 있고, 피부는 빨간색이며 긴 꼬리가 있어요. 조용히 사람들 가까이에 날아와 괴상한 소리를 내며 순식간에 사람을 낚아채서 데려가 버려요.

아모몽고

출몰 지역
필리핀의 숲속에서 살며, 칸라온산의 자연 동굴 속에 숨어있어요.

특징
거대한 유인원처럼 생겼지만, 사람의 모습과 비슷하기도 해요. 몸은 거칠고 굵은 검은색 털로 덮여 있고, 아주 날카롭고 긴 손톱을 가지고 있어요. 어마어마한 힘으로 가축을 재빠르게 습격해 잡아요.

물리치는 방법
너무 강력한 힘을 가진 공격적인 아모몽고와의 대결은 쉽지 않아요. 다행히도 수줍어하는 성격이라 사람들로부터 멀리 떨어져 있으려고 해요. 하지만 늘 굶주려 있고, 닭이나 거위, 소 등의 동물을 잡아먹기 때문에 방심할 수 없어요. 어리석은 편이기 때문에, 먹이를 보면 다른 것은 방해물일 뿐이랍니다. 그러니 농장에서 아모몽고를 만나면 재빨리 도망치세요. 일부러 공격하는 것은 아닐지 몰라도, 위협적인 행동을 하는 것이 분명합니다.

뽀쫑

출몰 지역
인도네시아, 말레이시아

특징
천으로 꽁꽁 싸맨 귀신, 뽀쫑은 붕대에 갇힌 원혼으로 알려져 있어요. 죽은 후에 온몸이 붕대로 싸였답니다 발도 묶여 있어 콩콩 뛰어다니며 도와줄 사람을 찾아다녀요. 크게 두려워할 것이 없는 유령으로, 풀어준다면 조용히 떠날 거예요.

마나낭갈

출몰 지역
필리핀

특징
마나낭갈은 가장 잔인한 뱀파이어 중 하나입니다. 끊임없이 피를 찾아 헤매며, 밤이 되면 몸의 아랫부분은 남겨두고 윗부분만 날아다녀요. 이 오싹하고 무서운 뱀파이어를 물리칠 방법은 의외로 간단합니다. 마늘이나 소금, 또는 재를 다리와 남겨진 몸의 아랫부분에 뿌리면 다시는 결합하지 못하며, 이내 사라집니다.

낭 타니

출몰 지역
태국 농경지의 야생 바나나 나무줄기 안에 숨어있어요.

특징
이 떠도는 영혼은 주로 나무줄기 안에 숨어있다가 보름달이 뜨는 밤이면 갑자기 나무 옆에 나타나지요. 길고 검은 머리의 아름다운 여자 모습에 녹색 전통 의상을 입고 있어요. 공중에 둥둥 떠다니기 때문에 금방 유령이라는 것을 알 수가 있답니다. 낭 타니가 숨은 바나나 나무를 자르면 불행해진다는 전설이 있어요.

물리치는 방법
이 바나나 나무 유령은 사람과 좋은 관계를 맺고 있으며, 주로 음식을 주면서 사람을 돕고자 해요. 그러니 만난다고 해도 두려워할 것 없어요. 하지만 낭 타니가 사는 바나나 나무를 자른다면 이야기가 달라지지요. 사는 집을 갑자기 누가 부순다면 누구라도 화가 날 테니까요. 그러니 오해를 만들지 않기 위해 바나나 나무는 함부로 만지지 마세요. 낭 타니의 집을 존중해주면, 분명 좋은 일이 생길 거예요.

크라슈에

출몰 지역
태국

특징
크라슈에는 아주 무서운 유령으로, 저주받은 여자의 영혼이에요. 둥둥 떠다니는 머리만 있는 유령이고, 아래에 심장과 장을 길게 늘어뜨려 달고 다녀요. 정말 끔찍하죠! 하지만 이것이 다가 아니에요. 크라슈에는 탐욕스럽고 늘 굶주려 있어 매우 위험하며, 눈에 보이는 것은 모두 먹어치워요. 만약에 크라슈에를 발견한다면 무조건 도망치세요!

바타라 칼라

출몰 지역
자바섬

특징
바타라 칼라는 오그르와 비슷하게 생긴 폭력적이고 탐욕스러운 괴물이에요. 더 무서운 것은 거의 모든 것으로 변신한다는 것! 바타라 칼라와 맞서는 일이 없으려면, 자바섬 주민들의 조언에 따르세요. 그리고 바타라 칼라를 오지 못하게 하는 행사에 참여해야 합니다.

차오네이 교회의 귀신

출몰 지역
중국 베이징의 차오네이 81번지에 있는 교회에 가면 귀신의 기운을 느낄 수 있어요.

특징
귀신의 형체에 대해서는 알려진 바가 별로 없지만, 이곳에 가서 아무것도 느끼지 못한다는 사람은 없어요. 알 수 없는 이상한 소리가 들리고 무언가가 아련하게 나타나는 것이 보인다고 해요. 이곳에 있는 귀신의 정체는 한이 맺혀 이승을 떠나지 못하는 여자 귀신이고, 외로움을 느끼기 때문에 누구라도 오면 근처를 맴돈다고 해요. 그래서 귀신을 해치지 않는다는 표현을 하고 선물을 주거나 음악을 틀어주면 아무런 공격도 받지 않을 거예요. 엄청난 용기가 있는 사람만이 들어갔다 나올 수 있다고 해요.

도깨비

출몰 지역
한국의 동굴, 고가, 고목, 계곡 같은 곳에 모여 살다가 밤에 나와 활동하기 시작해요.

특징
동물이나 사람의 형상을 한 잡귀신의 하나로 비상한 힘과 신기한 재주를 가지고 있어 사람을 홀리기도 하고 짓궂은 장난이나 심술궂은 짓을 많이 해요. 도깨비가 가지고 다니는 방망이를 휘두르면 소원이 이루어진다고 해요. 도깨비는 우리에게 공포의 대상이지만, 약자나 선행을 베푸는 사람에게는 재물이나 행운을 가져다주고 악독한 사람에게는 벌을 내리기 때문에 밤길을 조심해야 해요. 도깨비는 종류가 많아요. 등불도깨비, 달걀 도깨비, 멍석 도깨비, 홀이불 도깨비 등이 있어요.

알마

출몰 지역 몽골

특징
거대하고 털이 많이 나 있는 남자 괴물이에요. 야만적이며 고독한 괴물로, 고비 사막의 인적 드문 곳에서 살고 있어요. 알마가 사람을 공격한 적이 있다는 말은 없지만, 엄청난 힘을 가지고 있어서 조심해야 할 괴물임은 틀림없어요.

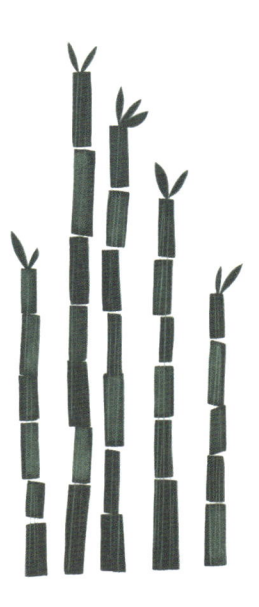

아스왕

물리치는 방법
다른 뱀파이어 종류와는 달리 햇볕의 영향을 전혀 받지 않아요. 그리고 낮에 사람의 모습을 하고 있을 때는 아무런 위협이 되지 않아요. 하지만 밤에 아스왕으로부터 자신을 보호하려면 다른 뱀파이어를 물리칠 때와 비슷한 방법을 쓰면 됩니다. 마늘이나 성수나 십자가와 같은 신성한 물건으로 자신을 보호하세요. 아스왕을 완전히 없애려면 머리를 잘라야 한다고 하지만, 가까이 다가가는 것이 여간 어려운 일이 아니어서 좋은 방법은 아니에요.

출몰 지역
필리핀에서 낮에는 조용히 마을에서 숨죽이고 있다가, 밤이 되면 사냥감을 찾아 날아다녀요.

특징
뱀파이어에 속하는 괴물, 낮에는 보통 사람처럼 변신해 있다가, 밤이 되면 날개 달린 악마 또는 동물의 모습으로 변신하지요. 박쥐, 새, 늑대 등 다양한 모습으로 변신할 수 있어요. 피를 빨아먹고 살기 때문에 긴 주둥이를 가지고 있어요. 사람을 공격하려 하지 않으나, 만약 공격하는 일이 있다 하더라도 자기가 아는 곳 근처에서는 절대 공격하지 않아요. 들키고 싶어 하지 않거든요.

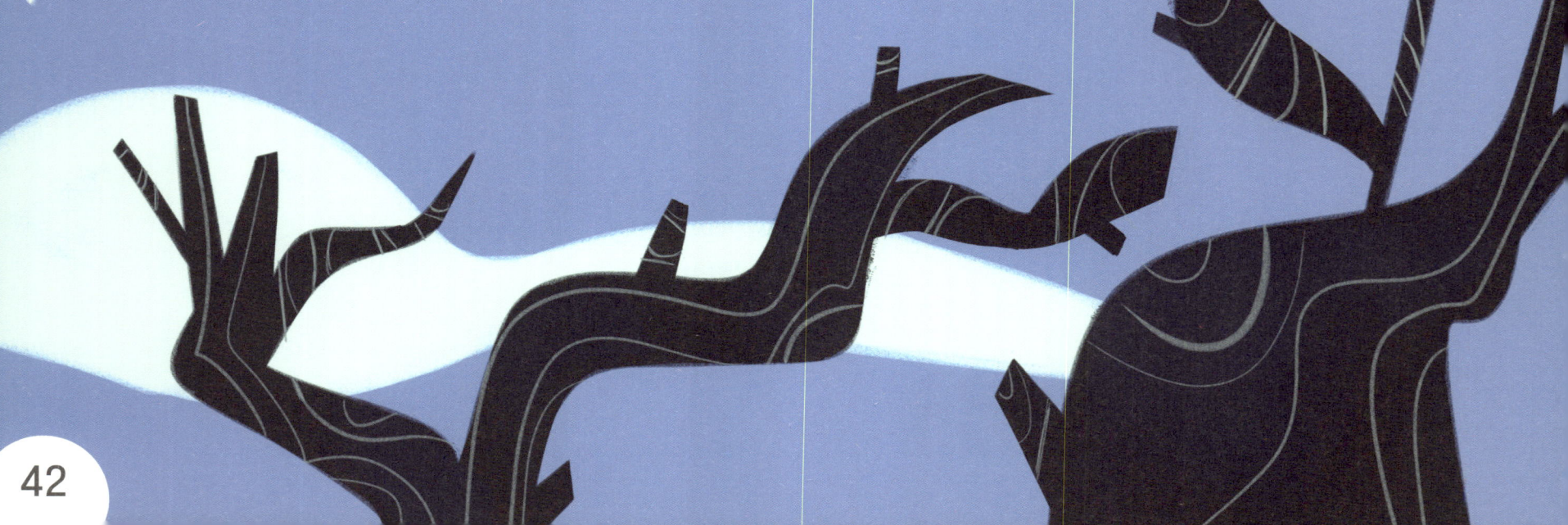

아스왕을 알아보는 방법

다른 괴물은 마주쳤을 때 거의 단번에 무엇인지 알아볼 수 있지만, 아스왕은 그렇지가 않아요. 하지만 눈앞의 괴물이 아스왕인지 알아보는 방법이 있기는 해요. 아스왕의 눈에 비친 내 모습이 거꾸로 보인다면, 아스왕이다. 당장 도망쳐라! 윗입술 위쪽에 볼록 튀어나온 부분이 없이 매끄럽고 자연스러운 입술 주름이 없는 사람을 만난다면 조심하도록. 변신하는 뱀파이어일 것이 분명해요. 아무 이유 없이 기름이 끓기 시작한다면 아스왕이 근처에 있다는 뜻이에요. 짤깍짤깍하는 이상한 소리가 갑자기 들린다면 아스왕과 같은 뱀파이어가 바로 옆에 있다는 뜻이에요.

아스왕을 친구로 만들기

괴물이나 뱀파이어를 믿는다는 것이 어려운 일이라는 것은 알지만, 아스왕은 믿어도 됩니다. 아스왕은 누군가를 알게 되면 절대 그 사람을 해칠 수 없어요. 사는 마을에서는 그 어떤 공격도 하지 않는 이유가 바로 이 때문이랍니다. 배가 고파지면 아스왕은 멀리 떠나서 사냥해요. 그러니까 아스왕을 곁에 두면 절대 공격받을 일이 없어요!

예티

출몰 지역
네팔과 티베트 사이 히말라야산맥의 가장 높고 황량하고 추운 곳에 살고 있어요.

특징
사람과 비슷한 형체지만 몸집이 훨씬 커요. 키가 거의 3m에 이르는 거대한 괴수로, 두꺼운 은빛 흰색 털로 덮여 있어요. 예티의 발자국도 어마어마하게 크답니다. 혼자 있는 것을 좋아하며, 아주 외지고 높은 산을 좋아해요. 이끼나 다른 식물을 먹으면서 살아가고, 위협을 느꼈을 때나 방어를 위해서만 공격을 해요.

물리치는 방법
예티를 어떻게 이기느냐보다 먼저인 것은 어떻게 만나느냐랍니다. 그만큼 예티와 마주치는 일은 드물어요. 사람이 가기 힘든 곳에 주로 나타나고, 다른 동물과의 접촉도 극도로 꺼리기 때문에 일부러 찾아봐도 만나기가 힘들어요. 정말 만나고 싶다면 이끼를 좋아하니 출몰했다는 곳이 있다면 그곳에 이끼를 놓아보세요. 하지만 나타난다고 해도 멀리서 사진을 찍는 정도에 그치도록! 만약 발견되어 위협적이라 느낀다면 단번에 던져버릴 정도로 무시무시한 힘을 가지고 있어요.

왜 '끔찍한 설인'이 되었을까?

예티는 그곳에 있는 그것이라는 뜻이지만, 종종 끔찍한 설인(ABOMINABLE SNOWMAN)으로도 불립니다. 이것은 네팔어인 METOH KANGMI(곰 같은 설인)가 잘못 번역되면서 생긴 이름이 되었어요. 예티가 사는 곳에는 사실 세 종류의 설인 괴물이 있어요. 니알모트는 가장 큰 괴물, 리미는 사람 크기의 괴물, 그리고 락시봄보는 작은 괴물인 예티 종류의 설인 이에요.

여행하는 괴물

히말라야산맥을 따라 예티의 발자국이 여러 곳에서 발견되었다는 점을 생각해보면, 예티는 여행을 좋아하는 것 같아요. 어떤 사람은 중국과 몽골, 러시아까지 뻗어있는 알타이산맥에서 예티를 목격했다고 해요. 하지만 대부분이 사람들이 네팔과 티베트에 있는 산에서 예티의 발자국은 찾았다고 합니다. 예티는 해발 5,000m 이상의 높이를 좋아하고, 얼음과 바위로 가득해 숨을 곳이 많은 장소를 좋아한다고 전해져요.

일본 요괴

카미 기리

특징

카미 기리는 장난기 넘치는 꼬마 요정의 일종으로, 몰래 머리카락을 자르는 장난을 쳐요. 손이 가위 모양인 것도 이 때문이지요.
어둠이 드리우는 밤이 되면 사람들이 사는 집에 몰래 숨어 들어가서 싹둑! 자는 사람의 머리카락을 자르고 도망쳐요. 머리카락이 조금 짧아지는 것이 괜찮다면, 카미 기리와 문제를 일으킬 일은 없답니다.

키츠네

특징

키츠네는 초자연적인 힘을 가진 여우로, 사람의 모습으로 변신할 수 있어요. 늙을수록 마법의 힘이 점점 더 커집니다. 그래서 키츠네의 나이를 알면 얼마나 더 큰 힘을 쓸 수 있는지를 알 수가 있어요. 나이를 알아내려면 꼬리의 개수를 세면됩니다. 최대 꼬리 개수는 아홉 개예요.

로쿠로쿠비

특징

로쿠로쿠비는 낮에는 일반적인 사람의 모습으로, 밤에는 목이 길게 늘어진 괴상한 모습의 괴물로 변해요. 폭력적이지는 않으나 지나가는 사람이 있으면 그 앞에 가만히 서서 목을 길게 늘이며 놀라게 해요. 모른 채 지나가다 만난다면, 누구라도 큰 충격을 받을 만큼 이상하고 무서운 모습이지요!

갓파

특징

갓파는 물속 요괴로 여러 동물을 합해놓은 모습을 하고 있어요. 물갈퀴 모양의 발에 등에는 거북의 등껍질과 비슷한 것이 있고, 전체적인 모습은 원숭이와 닮았어요. 가장 독특한 것은 바가지 머리인데, 머리에 물이 가득 담긴 바가지를 이고 있는 모습이며 가장 큰 약점이기도 해요. 누군가가 갓파에게 몸을 숙여 인사를 해도 갓파는 똑같이 인사를 할 수가 없고, 만약 고개를 숙여 인사를 하게 되어 바가지 속의 물이 다 쏟아져버리면 모든 힘을 잃어버린다고 합니다. 아이들을 강속으로 끌어당기는 장난을 치길 좋아해요.

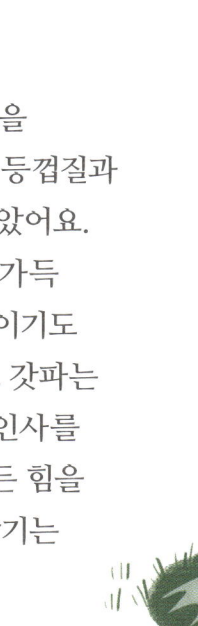

백귀야행

특징

100마리의 악마인 백귀들이 여름밤이 되면 나타나 돌아다녀요. 이들이 한데 모여 돌아다니는 것을 백귀야행이라고 부릅니다. 이들의 옆을 지나가기만 해도(각 백귀의 공격을 받지 않더라도) 바로 죽을 수도 있을 만큼 강력한 힘이 주변에 있어요. 백귀들의 야행을 지켜보고 싶다면 반드시 의식을 치르고 보호를 받아야만 해요.

오키쿠의 귀신

특징

오키쿠의 귀신은 아주 긴 머리의 소녀 귀신으로, 소복을 입고 다녀요. 히메지 성 근처의 우물에서 미끄러지듯 나와 그녀를 죽게 만든 사무라이를 찾아다닙니다. 문제는 그 사무라이 역시 이미 죽은 사람으로, 복수하고 싶어도 할 수가 없다는 것! 그래서 아무 상관없는 방문객들만 놀라게 하면서 돌아다닐 뿐이에요.

오니

특징

오그르의 일종으로, 다양한 색깔의 피부와 이상한 모양의 손과 발을 가지고 있어요. 머리에는 커다란 뿔이 나 있으며, 실로 무시무시한 모습이에요. 성격 또한 포악하며 공격적인 데다가 징이 달린 곤봉을 들고 다니므로, 절대 건드리지 마세요!

카루라

특징

카루라는 사람의 몸에 새의 머리를 한 괴수입니다. 부리에서 불을 내뿜을 수 있어요. 용과 뱀을 싫어해 보는 즉시 공격합니다. 용도 뱀도 아닌 이상 공격받을 일은 없으므로, 너무 두려워할 일은 없어요.

후아쿠치 온나

특징

후아쿠치 온나는 일반적인 여성의 모습을 하고 있지만
긴 머리카락에 가려진 뒤통수에 또 하나의 입이 있어요.
이 뒤통수 입은 먹는 역할만 하며, 먹을 때엔 머리카락이 손처럼 변해요.
그러니 절대 후아쿠치 온나의 뒤에 서 있지 마세요!
뒤야말로 가장 위험한 위치로, 순식간에 잡아먹힐지도 몰라요.

유레이

특징

일본 유령이라고 불리는 유레이는
떠도는 영혼으로 죽은 자의 세계로
갈 탈 것을 찾아 헤매요.
주로 소복을 입고 검고 긴 머리를
늘어뜨린 모습으로, 다리가 없어 둥둥
떠다닙니다. 일본 유령에는 다양한 이름을
가진 유령들이 있는데, 죽은 이후 복수를
위해 떠도는 온료부터 굶주려 죽은 귀신인
가키까지 여럿이 있어요.

아난시

출몰 지역
모리타니와 나이지리아 사이, 서아프리카의 가장 오염되지 않은 지역에서 돌아다녀요.

특징
반은 사람, 반은 거미예요. 많은 사람이 아난시를 비의 신이나 땅을 경작하는 방법을 알려주는 영웅이라고 생각한대요. 꽤 친절한 괴수지만, 상대방을 놀리는 것을 좋아한다는 사실을 잊지 마세요. 그리고 절대 믿지도 마세요! 곧 후회하게 될 거예요!

물리치는 방법
아난시와 대결해야 할 일은 거의 없어요. 아난시는 보통 사람을 도우며, 화나게 하지 않아요. 하지만 한번 맞서보고 싶다면, 그저 조금만 더 교활해지면 돼요. 그러니까 이를테면, 오래전 아난시가 타르 인형*에게 진 적이 있어요. 타르 인형 앞에 있던 음식을 뺏어 먹고 싶었던 아난시가 타르 인형을 아이로 착각하고 물어버렸으나, 이내 인형이라는 것을 깨달았지만 이미 입이 끈적끈적한 타르에 붙어버렸죠. 완전히 속아버린 거예요! 그러니까 아난시를 이기려면 작은 속임수를 쓰면 된답니다.

* 타르 인형 : 타르 베이비, 타르 인형은 해리스의 소설 속에서 토끼를 유혹하기 위해 만든 타르를 칠한 인형을 뜻한다. 검게 칠해진 인형을 친구로 착각하면서 자꾸 토끼들이 모여드는 것에서 유래되었다.

아이샤 콴디사

출몰 지역
모로코

특징
아이샤 콴디사는 떠도는 영혼이자 신령으로, 흰 드레스를 입은 아름다운 여성의 모습을 하고 있어요. 주로 강이나 개울 근처에 숨어있답니다. 아이샤 콴디사를 알아보는 방법은 간단해요. 드레스 속에 감추어진 것이 말발굽이기 때문이지요!

이밀로지

출몰 지역
남아프리카

특징
아프리카에서 요상한 휘파람 소리가 들린다면, 그것은 이밀로지가 말을 거는 것일지도 몰라요. 이밀로지는 휘파람 소리로 사람에게 말을 하거든요. 죽은 영혼과도 대화하므로, 사람과 죽은 영혼 사이를 연결해주기도 해요.

하이 우리

출몰 지역
남서 아프리카의 가장 깨끗하고 고립된 지역 지하 동굴에 숨어 살아요.

특징
한쪽만 보고 있다는 착각이 들겠지만, 사실 정말로 다리도 하나, 팔도 하나예요. 그런데도 한 발로 아주 빠르게 뛰어다닌답니다. 하지만 지하 동굴을 거의 떠나지 않으며, 사람과 마주치면 알아차리기도 전에 바로 사라져 버려요.

물리치는 방법
가장 좋은 방법은 완전히 무시하는 것입니다. 그리고 지하 터널이나 동굴에 가게 된다면, 하이 우리는 투명 괴물처럼 사라진 채로 숨어있을 테니 조심해야만 해요. 도망치기도 전에 빠르게 뛰어와 덮칠 수도 있으므로 긴장을 늦추지 말 것! 하이 우리의 팔과 다리가 하나씩이라는 약점을 이용해 밧줄로 묶어버리면 움직일 수가 없어 공격하지 못할 거예요.

로크

출몰 지역
마다가스카르

특징
로크는 무시무시한 전설의 새로, 거대한 깃털이 달린 날개에 슈퍼맨보다 더 센 힘을 가졌어요. 큰 몸집과 어마어마한 힘으로 코끼리마저 가볍게 든 채로 날아다닐 수 있어요. 사람이 몰래 등에 탄다고 해도 아마 알아차리지 못할 거예요.

아드제

출몰 지역
가나, 토고

특징
파리처럼 생겼지만 절대 곤충이 아니며, 정말로 무서운 괴물이에요! 아드제는 사람을 놀래 키는 뱀파이어 종류로, 피를 빨아먹고 살아요. 하지만 의아하게도 코코넛 우유와 야자 오일도 즐겨 먹는다고 해요.

아이가무사

출몰 지역
나미비아의 인적 드문 사막에서 살아요.

특징
아이가무사는 정말 이상한 괴물이에요. 먼저, 눈에 발바닥에 있어서 발을 들어 올려야만 볼 수가 있어요. 팔을 이용해서 걸어 다니며, 길고 날카로운 이빨을 이용해 보이는 것은 모두 먹어 치워요. 강력한 힘을 가졌으나, 똑똑하지는 않아요. 뭐, 완벽한 사람이 없듯 완벽한 괴물도 없지 않을까요?

물리치는 방법
맨손으로 싸워서 아이가무사를 이기기란 불가능해요. 아마 바로 질 거예요. 이 괴물의 힘은 실로 너무나도 강력해서, 그 어떤 슈퍼 영웅도 이길 수 없답니다. 하지만 똑똑하지 않다는 것이 최대 약점! 그것을 이용해 속임수를 씁니다. 전설에 의하면 자칼이라는 사람이 바닥에 담뱃재를 뿌려놓았고, 그것을 아이가 무사가 발로 밟아 눈을 쓰지 못하게 되었고, 그사이에 달아나 목숨을 건졌다고 해요.

콜만스코프

특징
콜만스코프는 유령 도시예요. 완전히 사막 모래로 덮인 곳으로, 사라진 도시로 여겨졌으나 이제는 완전히 버려지고 유령으로 가득한 도시가 되었어요. 모든 집과 건물이 고대의 유령들로 인해 다시 살아난 것만 같은 으스스한 곳이랍니다.

러드 하우스

지역
남아프리카, 킴벌리

특징
러드 하우스는 이 도시에서 가장 유령이 많은 집으로 유명합니다. 특히 테라스에서 흰 드레스를 입은 여자 귀신을 보았다는 사람들이 많아요. 아마도 이 집의 주인이었을 것으로 여겨지며, 하인들로 여겨지는 귀신들은 마당에서 돌아다닌다고 해요. 적어도 하나의 유령은 꼭 목격하게 된다는 곳으로, 많은 영혼이 깃든 집입니다.

시몬스 타운 유령

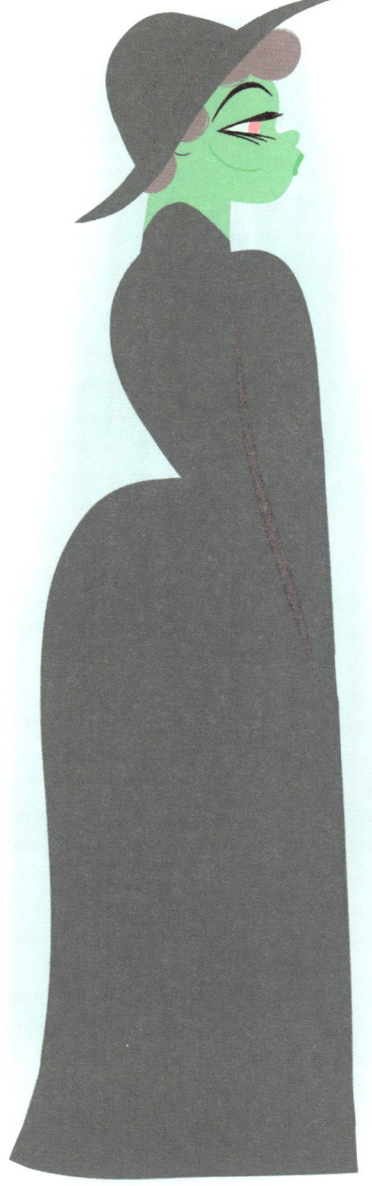

출몰 지역
시몬스 타운의 해군 기지나 도시의 건물, 집, 심지어 거리에서도 만날 수 있어요.

특징
시몬스 타운은 온통 유령으로 가득한 도시예요. 이상한 유령 '회색 여인'부터 '제복 입은 선장' 유령까지 다양한 유령들이 돌아다녀요. 어떤 때에는 알 수 없는 목소리만 들리고, 또 어떤 때에는 생전의 모습을 한 유령들이 나타나는 모습이 보이기도 해요. 악의가 없는 유령이 대부분이지만, 공격적인 유령도 숨어있으므로 조심하세요. 그중에서도 위험한 유령은 바로 회색 여인 유령으로, 갑자기 문을 쾅 닫아 어떤 사람의 손을 다치게 한 적이 있다고 해요.

물리치는 방법
너무 많은 유령이 돌아다니는 곳이므로, 각각의 유령으로부터 자신을 보호할 방법을 미리 준비해야만 합니다. 하지만 문제는 준비하는 것만으로도 엄청난 시간이 걸리리라는 것! 그만큼 이곳에는 유령이 많아요. 하지만 대부분이 평화롭게 그저 돌아다닐 뿐이고 공격적이지 않기 때문에, 회색 여인 유령 정도만 조심해도 괜찮을 거예요. 그녀는 장난기가 넘치고 관심을 끌고 싶어 하므로, 먼저 관심을 보이면, 공격하지 않을 거예요.

가고리브

출몰 지역 남-서아프리카

특징
가고리브는 '구덩이 괴물'이라고도 불러요. 왜냐하면, 크고 깊은 구덩이 구석에 앉아 있기를 좋아하기 때문이지요. 우연이라도 가고리브를 만난다면, 절대 도전장을 먼저 내지 마세요! 돌멩이를 던져 보라고 할 텐데, 만약 시키는 대로 던진다면 그 돌멩이가 가고리브의 몸에서 튕기며 다시 돌아와 큰 상처를 입힐 거예요.

모켈레 므벰베

출몰 지역

전해지는 바에 의하면 모켈레 므벰베는 콩고 공화국의 수도인 브라자빌에서 800km 정도 떨어진 곳에 있는 거대한 늪지에서 산다고 해요. 또 어떤 사람들은 콩고의 텔레 호수에서 산다고도 합니다.

특징

이 괴수는 잡종으로, 여러 동물을 합쳐놓은 모양새예요. 몸은 코끼리, 꼬리는 악어, 목은 기린의 형태로, 부드러운 잿빛 피부에 강력한 발톱을 가지고 있어요. 몸집은 거대하며 머리는 작고, 목은 3m에 이를 만큼 매우 길어요. 하지만 똑똑하지는 않은 괴물이랍니다.

물리치는 방법
초식 식성이므로 쉽게 안정시킬 수 있어요. 절대 사람을 잡아먹지 않으니 우선 먹힐 걱정은 하지 않아도 됩니다.
호수나 강 근처를 그저 걸어가는 거라면 아무런 반응을 하지 않겠지만, 자신의 호수라고 생각하는 곳에서
보트를 타고 있다면 공격할 수도 있어요. 자신의 영역에 침범했고 위협적인 존재라고 생각해서 방어하는 것이랍니다.
흰 꽃이 피는 덩굴 식물을 특히 좋아하므로, 그것을 들고 간다면 절대 해치지 않을 거예요.
오히려 좋아하면서 한참을 옆에 있어도 가만히 둘 거예요.

괴물이 아닐 수도 있다?
어떤 연구원들은 모켈레 므벰베가 멸종했다고 여겼던 공룡이라고 생각해요.
디플로도쿠스나 아파토사우루스와 같은 용각류로, 긴 목에 거대한 몸집이 유사하다고
판단했지요. 외형적으로 보았을 땐 어느 정도 신빙성이 있다고도 볼 수 있어요.
모켈레 므벰베는 괴물일까요, 공룡일까요?

많은 동물을 합쳐놓은 모습
모켈레 므벰베의 존재에 대해 처음으로 말한 사람은 아프리카에서 오랜 시간 선교 활동을 했던 프랑스의
선교사였어요. 그는 모켈레 므벰베가 코끼리, 사자, 기린, 하마, 그리고 뱀을 합쳐놓은 모습이라고 했답니다.
정말 그렇다면, 괴물임이 분명하네요!

여러 개의 이름
가장 많이 알려진 이름은 모켈레 므벰베로, '강을 가로막은 것'이라는 뜻이에요.
하지만 이 괴물은 또 다른 다양한 이름으로 불린답니다.
-반지리 사람들은 '손고'라고 부른다.
-반다 사람들은 '바디귀'라고 부른다.
-바야 사람들은 '디바'라고 부른다.
-중앙아프리카의 비라오 지역 사람들은 '과네루'라고 부른다.

부기맨

출몰 지역
미국의 마을을 돌아다니며 사람이 사는 집을 부숩니다.

특징
특정한 형태가 없고, 커다란 튜닉이나 망토를 두르고 다녀요. 종종 가방을 땅에 끌고 다니기도 하지요. 못된 어린이를 사냥한다는 말이 있으며, 벌을 주기 위해서라고 해요. 그러니까 조심하세요! 악마 같은 부기맨은 얼굴을 볼 수 없어 더욱 무서워요.

물리치는 방법
먼저 좋은 모습을 보이며 최대한 마주치지 않아야 해요. 나쁜 짓을 했다면, 부모님께 고백하고 사과를 해야 부기맨이 나타나지 않는대요. 부기맨이 바로 눈앞에 나타났다면, 불을 환하게 켜세요. 어둠을 좋아하는 부기맨은 특히 환한 전구 빛을 싫어해요. 그러니까 불을 켜고 최대한 밝은 곳으로 도망치세요!

스털 공동묘지

지역
미국, 캔자스주

특징
스털 공동묘지에 어둠이 드리우면, 스멀스멀 귀신들이 깨어납니다. 누구든지 밤에 이곳을 찾는 사람이라면 귀신들의 사냥감이 되며, 귀신들은 놀래 키는 것을 좋아해서 불쑥불쑥 나타날 거예요. 일 년에 두 번 가장 무서운 악마가 이곳에 나타난다고 해요.

마녀 줄리 브라운

출몰 지역
미국, 루이지애나주

특징
귀신 붙은 늪은 그 자체만으로도 오싹하지요. 하지만 그중에서도 무서운 마녀 귀신이 있다면? 루이지애나주의 맨채크에 있는 늪지에는 끊임없이 떠도는 괴상한 마녀 줄리 브라운이 있습니다.

그렘린

출몰 지역
집이나 거리, 비행기 등 다양한 장소에서 무리 지어 다녀요.

특징
녹색 피부에 적당한 크기의 몸집, 아주 큰 귀에 대머리인 그렘린은 참 못생겼어요! 괴롭힐 사람들을 찾아다니며, 막대기나 또 다른 무기로 공격하지요. 가장 특이한 점은 몸이 물에 젖으면 복제된 그렘린들이 계속 나타난다는 것! 이륙하는 비행기를 좋아하며, 기계를 망가뜨리고 문제를 일으키는 일을 즐겨 합니다.

물리치는 방법
효과적인 방법의 하나는 빛을 쏘는 것입니다. 햇볕이 몸에 닿으면 치명적이므로, 낮에는 절대적으로 약해요. 밤에 그렘린을 만나 대결하게 된다면, 넓고 탁 트인 장소에서 대결하자고 설득하세요. 숨어 있다가 사람들을 괴롭히고 달아나는 것을 좋아하는 그렘린은 너무 탁 트인 곳에서는 도망갈 수도 있거든요. 가장 유의할 점은, 그렘린이 절대 물에 젖도록 하지 말 것! 순식간에 번식하여 그렘린 부대를 이룰지도 몰라요!

오고포고

출몰 지역
캐나다의 브리티시 컬럼비아

특징
캐나다의 오카나간호는 조류와 어류의 집이지만, 또 다른 누군가의 집이기도 해요. 이 호수는 오고포고의 집으로, 오고포고는 개 또는 말의 머리를 가진 녹색의 거대한 뱀 괴수랍니다.

부활한 메리

출몰 지역
미국 일리노이주 저스티스의 공동묘지 근처에서 나타납니다.

특징
희미한 형태로 사라졌다 나타났다 하는 금발의 소녀 유령으로, 야회복에 우아한 구두를 신고 핸드백을 들고 다녀요. 나타나는 모습으로는 유령 같아 보이지 않으며, 지나가는 운전자를 세워 공동묘지까지 태워달라고 요청해요. 그러다가 갑자기 사라져버립니다.

물리치는 방법
소녀가 부탁하는 대로 들어주면 됩니다. 아주 조용하고 공격성이 전혀 없는 성격이거든요. 문제를 일으킬 생각이 없으며, 그저 공동묘지까지 차를 태워주기만 바랄 뿐이에요. 차에 태우면 창밖을 바라보는 소녀를 그냥 가만히 내버려 두세요. 공동묘지에 도착하면, 알아서 연기처럼 사라질 거예요.

바이올린 괴담

출몰 지역
미국 버지니아주, 애빙턴

특징
연주하는 사람이 아무도 없는데, 혼자 소리를 내는 바이올린을 본다면? 스스로 연주하는 으스스한 바이올린 괴담은 마사 워싱턴 여관에서 실제 있었다는 이야기예요. 용감하다면, 한 번 가 보세요!

호댁

출몰 지역
미국, 위스콘신주

특징
이 이상한 괴물은 개구리 같지만, 개구리 같지 않은 괴물이에요. 머리만 보면 개구리인데, 발톱과 꼬리는 공룡처럼 생겼어요. 정말 기괴한 모습이죠! 호댁을 만나면 다른 것은 필요 없어요. 무조건 도망치세요!

재카로프

출몰 지역
북미 침엽수림에서 종일 뛰어다니며 돌아다녀요.

특징
북미산 대형 토끼의 몸에 영양의 뿔을 가진 독특한 모습의 괴수예요. 만나보고 싶어도 쉽지가 않은 것이, 사람을 보면 잽싸게 달아나고, 멀리 뛰어가 버려요. 사람의 목소리를 흉내 낼 수 있으며, 그 소리는 멀리서도 들을 수 있답니다.

물리치는 방법
우선, 재카로프는 사람을 해치지 않아요. 혼자 있는 것을 좋아하며, 사람 근처에 있다고 해도 몸을 완전히 숨기고 있어요. 사람을 공격할 일은 없으나, 사람과 같은 목소리를 낼 수 있어 그곳에 사람이 있다는 착각을 하게 만들어요. 그래서 따라가다 보면 길을 잃을 수도 있어 또 다른 야생에서의 위험한 일을 당할 수 있다. 숲에서 알 수 없는 사람의 목소리가 들린다고 해도 의심스럽다면, 절대 그 소리를 따라가지 마세요!

사라진 히치하이커

출몰 지역
미국, 뉴저지주

특징
37번 국도의 82번 출구로 가는 길에 태워달라는 히치하이커가 있다면 절대로 멈추지도, 태워주지도 말아야 해요! 그들은 사람이 아니라, 유령이거든요. 과거에 그곳에서 죽은 영혼으로, 사라진 히치하이커라 부릅니다.

글라와커스

출몰 지역 미국, 코네디컷주

특징
글라와커스를 조심하세요! 이 무섭게 생긴 괴물은 곰, 판다, 그리고 사자를 합해놓은 모습이에요. 정말로 사납고 포악해요.

세일럼 마녀

출몰 지역
미국 매사추세츠주 세일럼 공동묘지에서 발견됩니다.

특징
젊은 반투명의 여자 유령으로, 19세기 의상을 입고 있어요. 유체 상태가 아닌, 인간의 형태와 비슷하지만 반투명한 독특한 몸이에요. 공중에 둥둥 떠다니며, 차갑고 날카로운 굉음을 내어 사람을 놀라게 합니다. 생전에 마녀였으며, 유령이 된 후로는 복수를 꿈꾸며 사람들을 괴롭히고 다녀요.

물리치는 방법
최대한 동요하지 말 것! 무섭게 하려고 소리를 지른다고 해도 반응하지 마세요. 모습을 바꾸어가며 나쁜 말을 내뱉어 상대방을 두려움에 벌벌 떨게 하는 것이 목적이지만, 무시하고 아무렇지 않은 척하면 포기하고 떠나요. 그리고 다시 마주친다 해도 놀라지 않을 거라 생각하며 그냥 지나쳐버릴 거예요.

스쾅크

출몰 지역
미국, 펜실베이니아주

특징
스쾅크는 정말 신비롭고 이상한 괴수예요. 무시무시하고 끔찍하게 생겼지만, 조금만 지켜보면 계속 울고만 있는 모습을 관찰할 수 있어요. 늘 슬픔에 빠져 있고, 눈물이 마르지 않아요.

광대 유령

출몰 지역
미국 시카고 주의 로즈힐 공동묘지에서 묘비 사이사이를 돌아다녀요.

특징
밝은 색의 품이 큰 바지에 코트, 빨간색 가짜 코, 여러 색의 가발을 쓴 광대 모습이라 광대 유령이라 부릅니다. 무엇이든 올라타는 재주가 있으며 재미있어 보이고 해를 끼치지 않는 우스꽝스러운 모습이지만, 사실은 끔찍하고 사악한 영혼을 숨기고 있어요.

물리치는 방법
우선 가장 좋은 방법은 무시하는 것입니다. 광대 유령은 스스로 주목받지 못한다고 생각하면 알아서 떠나요. 그의 관심을 끌고 싶거나 끌게 되었다면 꼭 커다란 뿔피리를 준비했다가 부세요. 그 소리를 너무나도 싫어하기 때문에 즉시 도망쳐버릴 거예요!

악마의 의자

출몰 지역
미국, 로드아일랜드주 뉴포트

특징
무생물에도 생명이 있을 수 있을까요? 이 악마의 의자에는 영혼이 깃들어 있어요! 전설에 의하면 벨코트 성에 있는 이 의자는 고대 기사들의 억울한 영혼들이 들어 있는 의자라고 해요. 정말인지 확인해보고 싶다면 가 보되, 후회할지도 모른다는 사실을 기억하세요!

저지 악마

출몰 지역
미국, 뉴저지주

특징
저지 악마와 마주친다면 무조건, 최대한 빠르게 도망치도록! 그리고 절대 뒤돌아보지 말 것! 반이 인간의 모습인 이 악마는 박쥐 날개에 긴 꼬리를 한 괴수로 한입에 사람을 삼켜버려요.

65

빅풋

출몰 지역
북미 숲속에서
돌아다니며,
특히 밤에 활동합니다.

특징
거대한 몸집에 엄청난 힘을 가진 빅풋은
온몸이 두꺼운 검은색 털로 덮여있고
마치 고릴라와 같은 모습이에요.
하지만 절대 고릴라라고 부르지
마세요. 화를 낼지도 몰라요!
발이 유독 더 커서
빅풋이라는 이름이
붙여졌으며, 슈퍼맨보다
더 강한 힘을 가졌어요.
화가 나면 무엇이든
집어던져요.

물리치는 방법

민첩함과 영리함이 필요합니다. 빅풋은 힘이 세지만 느려서,
빠른 속도를 따라잡지는 못해요. 그의 손아귀에서 벗어나고 싶다면,
최대한 빠른 속도로 뛰세요! 조금만 벗어나도 뒤따라오지 못할 거예요.
맞서고 싶다면 속임수를 쓰세요. 빅풋은 영리하지 않아요.

어마어마한 크기

무게 : 200kg이 넘는다. 큰 어린이 다섯 명을 합한 것보다 무겁다!
키 : 3m가 넘는다. 세 명의 어린이 키를 합한 셈이다.
발 : 발자국 크기를 살펴보면 그 길이가 60cm가 넘는다는 것을 알 수 있다. 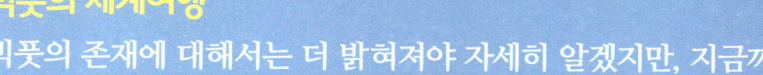남자 어른의 평균 발 크기가 42cm다.
눈 : 사람 눈 크기의 두 배 이상 큰 크기다.

빅풋의 세계여행

빅풋의 존재에 대해서는 더 밝혀져야 자세히 알겠지만, 지금까지 알려진 바로는
계속해서 움직이는 괴수라는 것입니다. 발견되었다고 전해지는 장소는
항상 숲이지만, 한곳에서 머무는 것을 좋아하지 않아 북미 숲의 여러 곳에서
빅풋의 발자국이 발견되었어요. 처음 빅풋을 발견한 사냥꾼은 1840년
캘리포니아에서, 또 비교적 최근인 2006년에는 한 여성이 캐나다에서
빅풋을 보았다고 해요. 빅풋은 여러 곳을 여행 중일지도 몰라요!

킹콩

출몰 지역
전설에 의하면 최초로 스컬 아일랜드에 출몰,
이후엔 미국 뉴욕에서 발견되었다고 해요.

특징
거대한 고릴라 모습의 유인원으로, 사람과 같은 습성을 가진 엄청난
크기의 괴수예요. 외로움과 고독함을 알며, 특히 여성에게 약해요.
믿을 수 없을 만큼 강력한 힘을 가지고 있으며, 공룡도 이겨버릴 만큼
세요. 하지만 한 가지, 비행기 공격을 막지는 못합니다.
산이나 건물을 타며 꼭대기까지 올라가는 것을 좋아해요.

물리치는 방법
사람의 힘으로는 절대 킹콩을 이길 수 없어요. 아무리 힘이 센 사람이라도 킹콩이 건드리면
날아가 버릴 거예요. 무기를 쓰는 것도 추천하지 않아요. 화만 더 돋울 뿐이거든요. 약점은
킹콩의 '사람 같은 면'을 이용하는 것! 애정과 우정을 원하는 킹콩의 마음은 생각보다
더 여리고 착해요. 친구임을 보여준다면 그 누구보다 진한 우정을
보여주는 다정한 킹콩을 보게 될 거예요!

새로운 세상으로
킹콩은 뉴욕에서 발견되는 괴수로 알려졌지만, 실은 아시아의 외딴 섬에서 살았던 괴수예요. 나무가 빽빽하게 우거진 화산이 있는 섬에서 그의 종족이 살았다고 해요. 킹콩은 가족 중에서 마지막으로 남았고, '스컬 아일랜드의 왕'으로 불려요.

강력한 힘
스컬 아일랜드에서 킹콩은 공룡과도 싸우며 살아남았어요. 대결이 시작되면 킹콩은 치명적인 상처를 입히는 공격을 합니다. 어마어마한 손과 팔의 힘으로 상대방의 턱을 부러질 때까지 벌려 완전히 박살 내었어요. 정말 무시무시한 공격이죠!

꼭대기에서의 대결
킹콩의 가장 유명한 대결 일화 중 하나는 바로 엠파이어 스테이트 빌딩 꼭대기에서의 대결이에요. 팔 힘을 이용해 단숨에 빌딩 꼭대기까지 기어 올라간 킹콩이 쏟아지는 비행기 공격을 손으로 막았어요. 이 장면은 개봉되었던 〈킹콩〉 영화에서 볼 수 있는 유명한 장면이랍니다!

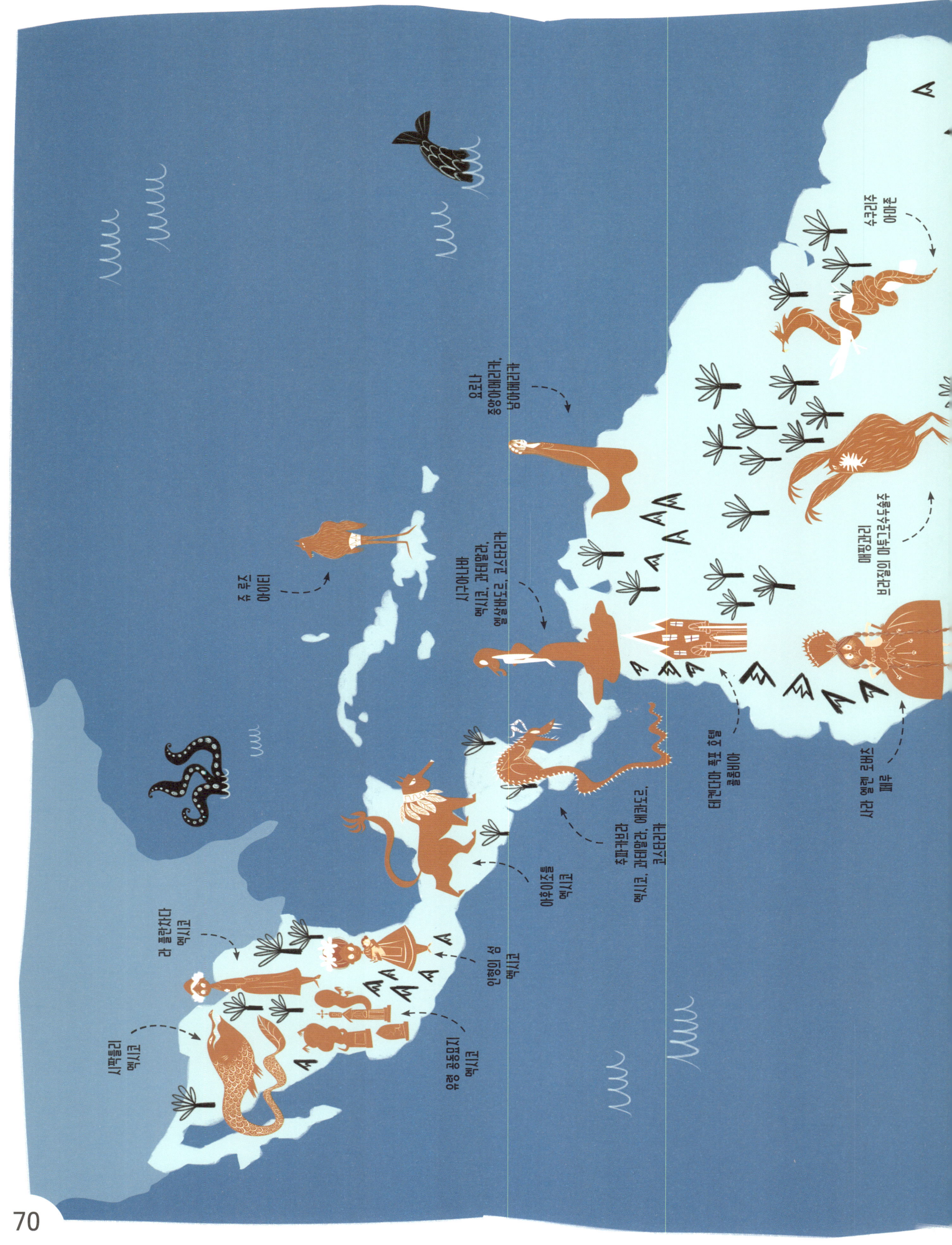

라 플란차다

출몰 지역
멕시코시티의 후아레스 병원 수술실과 병실을 떠돌아다녀요.

특징
과거의 간호사 의상을 입은 여자 유령으로, 환자를 돌보고 치료해주는 것을 좋아합니다. 친절하고 침착하며 이타적이에요. 하지만 늘 슬퍼 보이는 표정으로 돌아다니며, 일부러 놀라게 하는 것은 아니지만 그 모습을 보면 모두가 놀라요. 갑자기 나타나기 때문에 놀랄 수밖에 없지만, 유령임에도 불구하고 착한 간호사입니다.

물리치는 방법
최대한 놀라지 않는 것 말고는 사실 할 수 있는 일이 없어요. 라 플란차다가 나타나 눈을 마주치면 이내 사라져버릴 테니 너무 걱정하지 마세요. 아무도 해치지 않으며, 그저 돕고 싶어 하는 라 플란차다는 아주 착한 유령이므로 그냥 사라지는 모습까지 가만히 지켜보기만 하면 됩니다. 물론, 이미 놀랐겠지만요!

인형의 섬

지역
멕시코

특징
인형의 섬이지만 아이들이 가지고 노는 그런 인형이 있는 곳이 아니에요. 어린 귀신이 가지고 노는 인형이 있을 뿐! 갖고 싶은 예쁜 인형을 발견했다 하더라도, 절대 가져가지 마세요. 화가 난 어린 귀신이 쫓아와 괴롭힐 거예요.

유령 공동묘지

지역

멕시코 과달라하라에 있는 종묘 성지의 묘비나 납골당에는 모든 종류의 기괴하고 무서운 유령이 떠돌아다닙니다.

특징

이 오싹오싹한 공동묘지에는 다양한 종류의 유령과 귀신이 떠돌아다녀요. 뱀파이어, 저주받은 해적, 악마, 신령…… 가장 무서운 유령들이 한데 모인 곳이라니! 오래된 묘비로 가득한 음침한 묘지에서 늘 이상한 일이 벌어지고 무서운 소리가 들려요.

물리치는 방법

마늘, 십자가, 성수, 손전등 등 가능한 한 많은 것을 챙겨갑니다. 악마와 유령, 귀신이 도사리고 있는 묘지를 방문할 자신이 있다면 말이에요. 커다란 가방에 챙겨갈 수 있는 모든 것을 챙겨간다고 해도, 무슨 일이 벌어질지 모르니 조심하세요!

시팍틀리

출몰 지역

멕시코

특징

시팍틀리는 악어와 물고기 모습을 섞어 놓은 형태의 암컷 괴물입니다. 헤엄을 칠 수 있으며, 다가오는 모든 것을 물어뜯어요!

아후이조틀

출몰 지역
중앙아메리카의 야생 지역에 있는 어둡고 으슥한, 물이 고인 동굴에 숨어 살아요.

특징
개 또는 수달과 비슷한 모습으로, 꼬리에 손이 달려 있어 네 발로 걸어도 무엇이든 잡을 수 있어요. 그러니 아후이조틀을 만나면 꼬리부터 조심하세요. 매우 약삭빠르고 교활하여 사람들을 유혹하고, 갓난아기처럼 훌쩍훌쩍 울면서 동정심을 유발하기도 합니다. 달래주거나 도와주기 위해 다가가는 순간, 아후이조틀이 순식간에 잡아갈 거예요!

물리치는 방법
교활한 괴수기 때문에, 마주친다면 반드시 머리를 써야만 해요. 먼저 그의 영역에 들어가 버렸다면, 만들어 놓은 함정에 빠지지 않아야 합니다. 아무리 그가 슬피 울어도 속지 마세요. 솜이나 휴지를 이용해 귀를 막는 것이 가장 좋겠지요. 대결하게 된다면, 아후이조틀의 시선을 다른 데로 돌려 공격을 방해해야만 해요. 고기 한 조각을 들고 있다면, 멀리 던져버리는 것도 방법이에요. 꼬리로 고기를 잡기 위해 방향을 트는 순간, 반대 방향으로 재빨리 달아나세요!

테켄다마 폭포 호텔

지역
콜롬비아

특징
테켄다마 폭포 호텔은 폭포가 내려다보이는 곳에 있는 버려진 호텔입니다. 위험한 위치에 있는 것만으로도 무서운데, 심지어 유령들이 득실거리는 곳이라고 해요. 누구든 가 보고 싶다면, 엄청난 용기가 필요할 것입니다.

시구아나바

출몰 지역
과테말라, 멕시코, 엘살바도르, 그리고 코스타리카의 가장 인적이 드물고 외딴 지역에서 돌아다녀요.

특징
주로 뒷모습을 보게 되는데, 강이나 우물에서 목욕하고 있어요. 뒷모습만 보면 아름다운 여성의 모습으로 긴 머리카락에 흰 드레스를 입은 형태지만, 절대 조심해야 해요. 앞모습을 본다면 소스라치게 놀랄 거예요. 머리가 말과 해골을 합쳐놓은 기괴한 모습이기 때문이죠!

물리치는 방법
길고 흰 드레스에 검은 머리를 흩날리며 목욕을 하는 여자를 본다면 절대 다가가지도, 따라가지도 말 것! 혹시라도 시구아나바의 얼굴을 보게 된다면, 최대한 아무렇지 않은 척을 해야 합니다. 그러면 그냥 멀리 사라져버릴 가능성이 커요. 얼굴을 보고 놀라지 않는 것을 싫어하기 때문이에요.

시구아나바

사라 엘렌 로버츠

출몰 지역
페루

특징
이 유령의 전생은 마녀였기 때문에, 지금의 모습은 더욱 오싹하고 무서워요. 페루 남서부의 피스코에 묻혔던 그녀는 복수를 위해 도시를 떠돌아다닌다고 해요. 어떤 사연이 있었을까요?

수쿠리주

출몰 지역
아마존 숲의 나무 사이를 미끄러지듯 소리 없이 다니며, 작은 외딴 마을을 습격합니다.

특징
뱀처럼 생겼지만, 어마어마하게 커요. 누에바 타크나에서 발견된 수쿠리주의 길이는 40m였고, 두께는 4m였다고 합니다. 이것은 20명의 성인 남자를 합한 크기와 비슷해요. 그러니 얼마나 무서운 괴물일지 상상해보세요! 눈에 보이는 것, 잡은 것은 모조리 몸으로 감은 다음 삼켜버린다고 합니다.

물리치는 방법
수쿠리주를 이기는 것은 거의 불가능합니다. 거대하고 난폭하며 강력한 힘을 가진 수쿠리주를 그냥 대결로 이기려고 해선 안 돼요. 그렇다면 어떻게 해야 할까요? 이제 머리를 쓸 때입니다. 수쿠리주는 크지만, 속도가 느리므로, 민첩하게 움직이며 재빠르게 뛰어 도망치면 따라오기 힘들 거예요. 또 한 가지 방법은 거대한 집게로 목을 고정하는 것. 그러면 수쿠리주는 움직이지 못해요. 물론, 위험이 따르는 방법이지만 말이에요.

쥬 루즈

출몰 지역
아이티

특징
정말 조심해야 할 괴수인 쥬 루즈는 몸의 반은 늑대 인간, 반은 뱀파이어예요. 몹시 사납고 악한 성격이므로 절대 다가가지 마세요!

나후엘리토

출몰 지역
아르헨티나

특징
나후엘 후아피 호수에서 보트를 타려면 항상 주변을 살피고 조심해야 합니다. 물 위로 정체 모를 괴물의 목이 보인다면, 그것이 바로 아주 괴팍하고 센 괴물인 나후엘리토예요.

애핑과리

출몰 지역
브라질의 마투그로수두술주에서 발견되었어요.

특징
이 괴수의 모습은 거대하고 털이 많은 나무늘보처럼 보이지만, 절대 착하지 않으니 조심해야 합니다. 무엇보다 무시무시한 것은 커다란 입으로, 끝이 뾰족한 이빨이 잔뜩 나 있어요. 긴 팔 끝에는 날카로운 발톱이 있고, 이것이 가장 강력하고 잔인한 무기예요. 아주 먼 거리에서도 애핑과리의 지독한 냄새를 맡을 수가 있고, 굉장한 울음소리를 내므로 위치를 먼저 파악할 수 있으니 아예 그쪽으로는 가지 않는 것이 좋아요. 커다란 한 개의 눈을 가지고 있어요.

물리치는 방법
애핑과리의 털은 방탄이기 때문에, 그 어떤 무기로도 애핑과리를 쓰러트리기 힘들어요. 약점은 그의 눈으로, 모래를 던지거나 천으로 덮어 눈을 가리면 도망갈 시간을 벌 수 있을 거예요. 물론 이것도 애핑과리의 지독한 냄새를 견딜 수 있을 때만 시도할 방법이겠지만요!

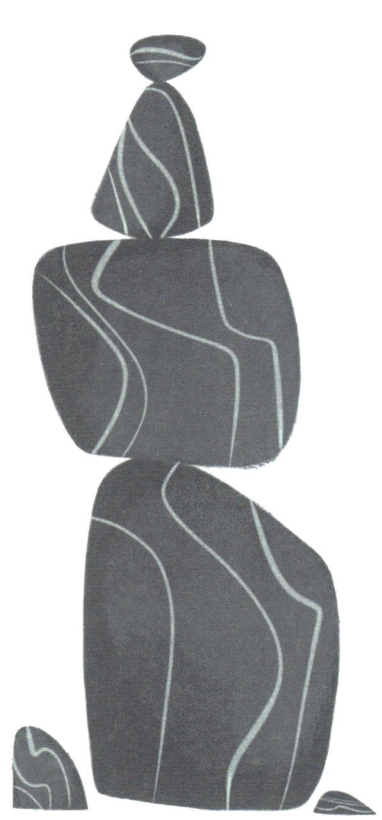

레미시

출몰 지역
파타고니아

특징
레미시를 만난다면, 절대 집 등의 실내에 숨어서는 안 됩니다. 레미시가 제일 좋아하는 일이 바로 집을 완전히 부수는 것이기 때문이지요. 호랑이 같은 모습에 난폭한 성격을 가진 괴물이에요.

추파카브라

출몰 지역
멕시코, 과테말라, 에콰도르, 그리고 코스타리카의 농장이나 농작지의 지붕 위를 뛰어다녀요.

특징
추파카브라의 '추파'는 빨아들인다는 뜻이고, '카브라'는 염소라는 뜻이에요. 그러니까 추파카브라는 염소의 피를 빨아 먹는 괴수라서 붙여진 이름이지요. 얼마나 무시무시한지 상상해보면 역겹지만, 제일 좋아하는 것이 염소 피기 때문에 그는 염소가 있는 곳만 찾아다녀요. 큰 개와 비슷한 크기로, 등에 뿔과 날카로운 발톱 같은 것이 잔뜩 나 있어요. 입에는 피를 쉽게 빨아먹을 수 있는 주둥이가 있는 진짜 무서운 괴수예요. 어떤 사람들의 말에 따르면, 추파카브라는 사람의 생각을 읽을 수도 있다고 해요!

추파카브라를 알아보는 방법은?
1. 세 개의 발가락 모양인 발자국을 발견한다면 근처에 있다는 뜻이다.
2. 부딪히는 발톱 소리가 들린다면 추파카브라의 등에서 나는 소리다.
3. 맡기 어려울 만큼 고약한 냄새가 난다면 바로 옆에 있을 수도 있다.
4. 사람도 동물도 아닌 이상한 소리가 난다면 그것 또한 추파카브라일 것이다.

물리치는 방법
염소가 아니라면 공격받을 일이 없으니 우선 안심해도 됩니다. 하지만 추파카브라와 염소 사이에 있게 되었다면, 문제가 되지요. 추파카브라가 생각을 읽을 수 있다고 하니, 마음속으로 '나는 위험하지 않아, 너를 해칠 생각이 없어'라고 말해보세요. 하지만 염소를 지키고 싶고, 추파카브라를 물리치고 싶다면 그의 가장 강력한 무기인 주둥이를 공격하세요. 두꺼운 밧줄로 묶는 것이 가장 좋은 방법일 거예요!

괴물일까요, 외계생명체일까요?
추파카브라는 가장 불가사의한 괴물 중 하나입니다. 어떤 사람들은 코요테가 이상한 유전자 변이로 인해 괴물이 된 것이라고 해요. 또 다른 사람들은 땅속에 살던 요정이나 신령일 수도 있다고 합니다. 가장 최근에는 추파카브라가 외계생명체라는 말이 있어요. 추파카브라를 목격한 사람들은 항상 근처에서 UFO를 보았다고 해요.

스쿠비 두
만화 영화 〈스쿠비두와 멕시코 괴물〉에서는 스쿠비 두가 진짜 추파카브라와 싸우는 장면이 나와요. 추파카브라는 여러 이야기와 책, 만화 등에서 괴수로 등장했어요.

요로나

출몰 지역
중앙아메리카와 남아메리카의
물이 있는 곳 근처에는 요로나가
소리 없이 떠돌아다녀요.

특징
요로나는 공중이나 물 위를 둥둥
떠다니는 젊은 여자 유령이에요.
가장 무서운 것은 요로나가 내는 소리로,
크게 울거나 소리를 지르는데
그 소리를 들은 사람은 피가 얼어붙어 버려요.

물리치는 방법
가장 좋은 방법은 요로나가 내는 소리를 듣지 않는 것입니다. 물 근처에 갈 땐 음악을 크게 튼 헤드폰을 착용하여 소리를 막아야 해요. 죽을 때에 엄청난 고통을 느꼈다는 요로나는 서러움으로 가득 차 있어요. 그러니 그녀를 만난다면 안아주거나 (그런데 문제가 있어요. 그녀는 형체가 없어요!) 달콤한 사탕을 건네며 달래주세요. 그러면 아무런 소리도 내지 않을지도 몰라요.

요로나와 파판트진
우는 유령인 요로나의 사연은 또 다른 유명한 유령인 파판트진을 떠올리게 합니다. 파판트진은 아름다운 공주로 아즈텍의 몬테수마 왕의 여동생이었어요. 그녀는 젊은 나이게 갑자기 죽게 되었는데, 왕족이었기 때문에 명예로운 장례를 치를 수 있었어요. 하지만 그녀는 무덤에 묻힌 지 며칠 후부터 유령이 되어 멕시코 도시를 떠돌아다니게 되었답니다. 그녀에게도 억울한 사연이 있지 않았을까요?

우는 여신
아즈텍 신화에는 요로나와 비슷한 유령이 또 있어요. 시우아코아틀은 반은 여자, 반은 뱀인 출산의 여신으로, 사람의 우는 소리와 차갑고 서늘한 울음소리를 합한 이상한 소리를 내요. 그녀는 멕시코의 텍스코코 호수에서 나타나기도 합니다. 물 근처나 위에서 떠다니며 우는 모습이 요로나와 닮았어요.

버닙

출몰 지역
물이 충분히 있는 곳이라면 어디든! 호주 전역의 강, 늪, 습지대는 버닙이 좋아하는 장소예요.

특징
버닙은 여러 동물을 합쳐놓은 괴수의 모습을 하고 있어요. 개의 머리, 말의 꼬리, 그리고 바다코끼리의 엄니에 어두운색의 두꺼운 털과 뿔을 가지고 있답니다. 밤이 되면 사냥을 시작하며, 게걸스럽게 먹이를 먹어 치우면서 기괴한 소리를 내요.

물리치는 방법
어두운 밤 물 근처에서 온몸이 얼어붙을 만큼 오싹하고 괴상한 소리가 들린다면, 그것은 아마도 버닙이 먹이를 먹고 있거나 찾고 있다는 뜻일 거예요. 버닙의 먹잇감이 되지 않으려면 다가오기 전에 재빨리 도망쳐야 합니다. 버닙은 강력한 힘을 가지고 있어서 사람이 이길 수 없어요. 입을 단번에 공격해 날려버릴 자신이 없다면, 무조건 뛰어요!

드롭 베어

출몰 지역
호주

특징
드롭 베어는 코알라처럼 생겼지만 절대 귀엽거나 상냥한 괴물이 아니에요. 갑자기 어딘가에서 떨어져 지나가는 사람을 물어버리고 도망가지요. 장난기 넘치고 공격적인 성격의 드롭 베어는 언뜻 보면 유칼립투스를 즐겨 먹는 코알라로 착각하기 쉬워 더 위험해요.

멀디제왕크

출몰 지역   호주

특징
멀디제왕크는 무시무시한 괴물로, 실제로 그를 본 사람은 없다고 해요. 전설에 의하면 이 괴물은 남자 인어로, 양서류처럼 보이지만, 훨씬 더 크다고 합니다. 멀디제왕크의 영역에 발을 딛게 된 사람은 살아 돌아오지 못했다고 해요. 강에서만 살며 수영하는 사람만 공격하니까 그곳만 피하면 됩니다. 낚시용 그물망을 보면 무조건 찢어버린다고 하니, 그곳에서의 낚시는 추천하지 않아요!

레인보우 스네이크

출몰 지역

호주의 사막 전역에 숨어 살며 종종 물을 마시기 위해 샘 근처에서 쉬기도 합니다.

특징

거대한 크기에 아름다운 색깔을 가진 뱀 괴물로, 비늘은 무지개색입니다. '드림 타임(창조의 시간)'이라는 호주의 신화 속 괴물로, 아주 친절하며 사람을 돕고, 규칙을 어기는 자를 놀라게 하여 반성하게 하도록 했다고 해요.

물리치는 방법

착한 사람이라면 두려워할 것이 없어요. 레인보우 스네이크는 땅의 형태를 만들고, 협곡과 계곡을 창조하며 어린이를 보호하는 일을 하기 때문이지요. 하지만 자연을 존중하지 않고 파괴하거나 오염시킨다면 대가를 치러야 해요. 환경을 해치는 사람만 괴롭히거든요.

몬테크리스토 유령의 집

지역 호주

특징

호주의 주니라는 지역에 있는 몬테크리스토 유령의 집은 유령 사냥꾼들이 꼭 가는 장소 중 하나입니다. 사람을 해치지 않는 유령들로 가득하며, 이 집의 실제 주인이 과학으로는 설명할 수 없는 현상을 연구하는 사람이기 때문에 유용한 정보를 제공해줘요. 유령 체험에 적합한 장소로, 용기와 도전 정신만 있다면 얼마든지 가 볼 수 있는 곳입니다.

혹스베리

출몰 지역 호주, 뉴사우스웨일스주

특징

이 괴물은 혹스베리 강에서 살아요. 네스호의 괴물과 닮은 모습으로, 거대한 몸과 뱀처럼 긴 목에 작은 머리, 두 쌍의 지느러미를 가지고 있어요. 헤엄을 치며 강을 누비고, 실제로 사진에 찍히거나 한 적은 없어요. 처음으로 혹스베리의 사진을 찍는다면, 아마 전설만큼 유명해 질 거예요!

요위

출몰 지역
호주, 특히 뉴사우스웨일스주의 숲을 누비고 다녀요.

특징
2m에 이르는 꽤 큰 몸집에 원숭이와 비슷한 모습이며, 미국의 빅풋이나 히말라야의 예티와 닮았어요. 거대한 발자국을 남기고 다니며, 두껍고 어두운색의 털로 온몸이 덮여 있답니다. 넓고 납작한 코가 특징이며, 그 모습은 마치 고릴라와 같아요. 날쌘 편이며, 힘이 매우 세요.

물리치는 방법
마주친다면 도망치는 것이 상책이에요. 사람과 친해지는 것은 물론 가까이 있는 것도 좋아하지 않아 인적이 드문 숲에서 주로 생활하며, 사람이 나타나면 먼저 숨는 편입니다. 사람을 공격하지 않고 평온한 성격이지만, 새끼와 함께 있을 땐 경계를 하고 공격적인 성향을 띱니다. 친절하고 다정한 모습으로 대하면 함께 사진을 찍는 것도 가능할 수 있어요! 아, 그렇다고 무작정 친근하게 다가가 사진을 찍지는 마세요!

비치워스 정신병원

지역 호주

특징
예전에는 비치워스 정신병원이었고, 지금은 같은 이름이지만 유령이 가득한 곳으로 유명합니다. 이곳에 있었던 환자의 영혼과 의사나 간호사의 영혼도 떠돌아다닌다고 해요. 방문해 본 사람들의 말에 따르면 줄곧 이상한 현상이 일어나며, 깜짝 놀랄 만한 장면을 마주하기도 한대요. 급격히 서늘해지면서 두려움이 엄습하는 기분을 느끼기도 했다 하니, 용감함으로 무장했다면 한 번 들어가 보길!

서리힐즈 유령

출몰 지역
호주 시드니의 서리힐즈, 키팍스 거리 139번지에 있는 빅토리아 시대의 집에서 나타나요.

특징
서리힐즈 유령은 예전에 이 집의 주인이었는데, 죽고 나서 몇 년이 지난 후에 시체가 발견되었어요. 버려지고 외면당했다는 사실에 화가 난 영혼이 여전히 집을 떠돌아다니며, 누구든 집에 들어오는 자가 있다면 괴롭히고 놀라게 해요. 어떤 때에는 생전의 모습으로, 어떤 때에는 그저 먼지뿐인 모습으로 나타납니다.

물리치는 방법
갑자기 접시를 던지며 공격을 하므로, 보호구와 안전한 옷을 착용하고 들어가야 해요. 나타나는 모습은 그저 나이 든 할머니의 모습이지만, 절대 속지 마세요! 복수심에 불타오르는 강력한 힘을 가진 유령이니까요. 갑자기 창문을 확 닫아버리거나, 가구를 부수고, 소리를 지르기도 하는데, 이 모든 것이 그저 사람들을 놀라게 하고 괴롭히기 위한 것입니다. 또 한 가지 명심할 것은, 속임수를 쓰니 가까이 다가가지 말아야 해요. 그래도 그저 억울한 자신의 마음을 알아주길 바랄 뿐, 직접적인 공격은 하지 않아요.

오페라의 유령

출몰 지역   호주

특징
오페라 가수였던 프레더릭 페더리치는 무대에서 공연을 마치고 얼마 후에 갑자기 죽게 되었어요. 이후 멜버른의 프린세스 극장 대기실과 복도를 누비고 다닌답니다. 하지만 이 유령에 대해 두려워할 것은 별로 없어요. 그저 무대 한가운데서 노래하기를 원하며, 마지막 박수갈채를 받고 싶어 할 뿐이거든요.

포트 아서

지역   태즈메이니아

특징
포트 아서에는 다양한 종류의 유령들이 있어요. 이 지역에 들르게 된다면, 모두가 유령에 대한 이야기를 해 줄 거예요. 끔찍한 고문으로 고통당했던 죄수 유령, 목사 유령, 젊은 군인 유령 등 너무나도 많은 유령이 떠돌아다녀요. 예로부터 전해 내려오는 이야기가 이 도시를 유령 도시로 만들었다는 소문도 있어요.

야라마야하후

출몰 지역
호주 해변의 숲에 숨어 살고, 나무(특히 무화과나무) 꼭대기에 앉아 사냥감을 찾아요.

특징
뱀파이어의 일종이지만, 일반적인 '피를 빨아먹는 괴물'과는 완전히 다른 모습입니다. 드라큘라는 인간의 모습에 가깝지만, 야라마야하후는 훨씬 작고(1m가 채 되지 않아요), 빨간 털로 덮여 있어요. 몸에 비해 큰 머리에 뱀처럼 크게 벌어지는 매우 거대한 입을 가지고 있어요. 모습만으로도 엄청 무섭답니다. 손끝과 발끝으로도 피를 빨아들일 수 있어 사냥감을 잡자마자 피를 빨아 먹기 시작해요.

물리치는 방법
야라마야하후를 이기는 방법은 그저 빠르게 뛰어 도망치는 것 말고는 없어요. 의외로 속도가 매우 느려서, 언제나 탈출 가능성이 열려 있어요. 하지만 가장 큰 문제는 위에서 뛰어내리며 공격한다는 것! 그래서 근처 숲을 지날 땐 항상 위쪽을 경계하고 조심해야 해요. 빨간색 실루엣이 보인다면, 확인할 것도 없이 바로 도망치세요!

커지는 빨간 괴물

야라마야하후가 먹잇감을 잡으면 제일 먼저 피를 빨아들입니다. 그다음에는 주변을 조금 서성이다가, 통째로 집어삼켜요. 가장 무시무시한 것은 삼킨 것을 다시 토해낸다는 것이에요. 믿을 수 없겠지만 토해낸 먹잇감은 예전 모습이 아니랍니다! 바로 야라마야하후와 비슷한 빨간 색의 작은 괴물 형태라는 것! 그러니까, 이 작은 괴물은 다시 야라마야하후가 되는 거지요!

마지막 도전

이제 거의 끝을 향해 달려가고 있군요!
아주 용감했어요!
여기까지 다 읽을 만큼 강한 마음을
가졌을지 몰랐는데, 정말 대단해요.
그런데 어쩌죠, 아직 더 남았답니다.

이제 유령 또는 괴물 사냥꾼이 될 만큼 더욱 강해졌나요?
아, 미안하지만 아닐 거예요. 도전해야 할 강력한 괴물과 유령이 아직도 남아 있거든요.
여전히 여러분의 주변에서 도사리고 있는 무시무시한 존재들이 많이 있어요.
이렇게 온 세상을 돌아다니고, 저 멀리 모르는 곳까지 다녀왔는데 무슨 소리냐고요?
절대 다 가봤다고 생각하면 안 됩니다.
아직 저 깊고 깊은 심연의 바닷속에는 들어가 보지도 못했으니까요.
말도 안 되는 어마어마한 크기의 괴수들이 아주 오래전부터 어둡고 깊은 물 속에 살고 있었어요.
이 괴물들을 물리치는 방법을 알기 전까지는, 절대 온 세상의 유령과 괴물을 다 안다고
말할 수 없어요. 왜냐하면, 이들은 더 무시무시하니까요.

또 한 가지는, 시간을 이동하는 가장 유명한 인물들의 유령들이 남아 있답니다.
과거에서 마치 살아 돌아온 듯한 심령들은 언제나 오싹하고 무서운 존재지요.
유령들과 괴물들을 물리치는 방법까지 완전히 알아낸 후라면, 진정한 유령 사냥꾼,
괴물 사냥꾼이 되었다고 인정받을 수 있을 거예요.
자, 마지막 도전을 해 볼까요?

해저 괴물

크라켄

특징
너무나도 거대해서, 수면 위에서 보면 마치 섬처럼 보이기도 해요. 문어 또는 대왕오징어와 비슷한 형태지만, 그 어떤 것보다 강력하답니다. 촉수(배의 돛대와 비슷한 크기)를 이용해 매우 큰 유람선도 끌어당길 수 있어요. 휘감아 배를 낚아채면 그대로 깊은 물속으로 들어가 버립니다.

물리치는 방법
이런 괴물을 물리칠 방법은 사실상 없다고 볼 수 있어요. 특히 뭐든 귀찮다고 느끼면 아주 까칠해지는 성격이에요. 너무 힘이 강해서 사람의 공격은 통하지도 않아요. 유일하게 상처를 입힐 수 있는 무기는 거대한 고래잡이 용 작살로, 눈을 찌르면 우선 달아나므로 그때를 이용해 도망치는 수밖에 없어요.

출몰 지역
깊은 바닷속 어두운 곳에 살며, 누구든 자신의 영역을 건드린다고 생각하면 수면 위로 올라와 공격해요.

어부들이 가장 좋아하는 괴물
본래 크라켄의 성격은 그다지 거칠지 않다고 해요. 하지만 누구든 자신의 서식지에 들어오면 바로 잔인하고 공격적인 성격으로 변한답니다. 전설에 따르면, 크라켄 주변에는 물고기가 엄청나게 많이 몰려 있어서 어부들이 낚시하기에 좋다고 해요. 건드리지만 않으면, 한 번에 엄청난 양의 물고기를 잡을 수 있는 거지요. 문제는 크라켄이 지나갈 때 만들어내는 소용돌이에 배가 휩쓸려 완전히 사라질 수도 있다는 것! 위험을 감수한다면, 어부들에게 좋은 기회가 될 수도 있는 것이 바로 크라켄의 등장이에요!

이쿠 투르소

출몰 지역 북유럽

특징
이쿠 투르소는 북극 근처 북유럽 지역의 차갑고 어두운 바다 끝에 살고 있어요. 이 괴물은 병 또는 죽음과 관련이 있는 바다 괴물로, 천 개에 이르는 머리와 뿔을 가지고 있답니다. 모습을 보는 것만으로도 엄청난 두려움에 떨게 만드는 존재로, 절대, 무슨 일이 있어도 가까이 가지 마세요!

아스피도켈론

출몰 지역 지중해

특징

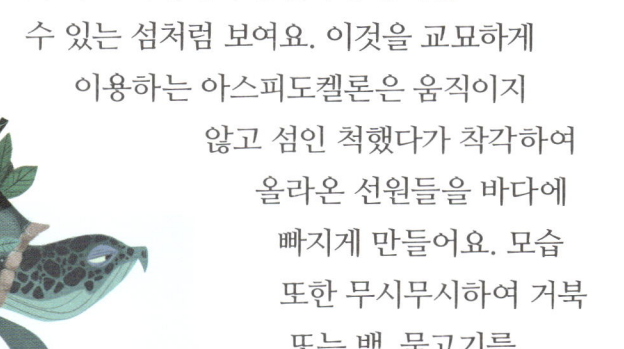

너무나도 거대해서 안전하게 상륙할 수 있는 섬처럼 보여요. 이것을 교묘하게 이용하는 아스피도켈론은 움직이지 않고 섬인 척했다가 착각하여 올라온 선원들을 바다에 빠지게 만들어요. 모습 또한 무시무시하여 거북 또는 뱀, 물고기를 합쳐놓은 것 같은 형체예요. 섬이라고 생각되는 것이 있다면 먼저 돌을 던지세요. 조금이라도 움직인다면 그것은 섬이 아니라 아스피도켈론이에요!

운크테힐라

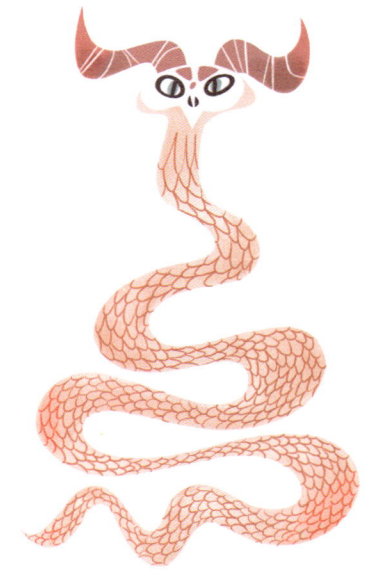

출몰 지역 미국

특징

운크테힐라는 미국 원주민 사이에서 뿔 달린 뱀으로 불려요. 비늘로 덮인 기다란 몸과 사슴뿔과 같은 큰 뿔이 머리에 달려 있지요. 특히 미국의 오대호에서 살며, 다른 괴물과는 달리 사람을 공격하지 않아요. 오히려 행운을 상징하며, 만나게 된다면 행운이 생길 수도 있는 착한 전설적 괴물이에요.

리바이어던

출몰 지역 중동

특징

리바이어던은 구약성서 욥기에 등장하는 바다 괴수로, 두려움의 상징이에요. 거대한 뱀 또는 용처럼 생겼고, 주변의 물을 펄펄 끓게 만든답니다. '창조의 왕'으로 불리기도 하며, 절대적인 힘을 가지고 있어 그 어떤 것도 두려워하지 않아요. 만약 바다에서 리바이어던을 만난다면, 즉시 피할 방법을 찾아야만 할 거예요.

우미보즈

출몰 지역 일본

특징

거대하고 둥근 머리에 부자연스러운 회색 몸, 그리고 팔과 다리는 길고 모습은 뱀과 비슷해요. 깊은 바다에서 올라와 모습을 드러내면 누구든지 겁에 질릴 수밖에 없는 이 요괴는 물에 빠져 죽은 남자의 영혼으로, 누구든 방해가 되면 즉시 공격합니다. 한 통의 물을 달라고 요구하면, 입구가 열린 큰 통을 주는 척하며 통 안에 빠지게 만든 다음 물속으로 던져버리세요!

유명한 인물 유령들

프리드리히 1세

출몰 지역 이탈리아

특징
오라말라 성벽에는 수많은 유령이 숨어 있는데, 그중에서도 가장 유명한 것이 바로 프리드리히 1세 유령입니다. 이 유령으로 인해 매년 12월 25일 자정에 성탑의 불이 갑자기 켜진다고 해요. 종종 말발굽 소리나 무기 소리가 들리기도 하는데, 주변에는 말도, 무기도 없다는 것이 풀리지 않은 불가사의한 일로 남아 있고, 이것이 프리드리히 1세 유령이 내는 소리라는 말이 전해지고 있어요.

앤 불린

출몰 지역 영국

특징
런던 타워 유령 이야기 중에서 빠지지 않는 가장 유명한 유령이 바로 앤 불린입니다. 이 여왕의 유령은 원래의 모습 또는 머리를 팔 아래에 낀 모습으로 땅 위를 걸어 다녀요. 머리가 없는 모습으로 등장한 것은 포악한 헨리 8세 앞에 나타났을 때였어요. 누구든 머리를 들고 있는 유령을 보면 까무러치듯 놀라겠지요!

아케나톤

출몰 지역 이집트

특징
유명한 사람의 유령은 주로 고대의 집에서 등장하지만, 아케나톤은 그렇지가 않아요. 고대 이집트의 왕이었던 아케나톤의 유령은 파라프라의 화이트 사막을 건넌다고 해요. 이는 왕을 미라로 만들 때 걸려 있던 저주 때문인데, 왕의 종교적인 박해에 화가 난 사제들이 왕의 영혼이 황량한 사막을 떠돌도록 만드는 저주를 걸었다고 합니다.

올림피아 팜필리

출몰 지역 이탈리아

특징
로마에서의 늦은 밤, 호텔로 향하는 길에 갑자기 검은색 마차를 끄는 유령이 나타난다고 상상해보세요. 시스토 다리와 나보나 광장에서는 이런 일이 종종 일어났다고 해요! 1655년 금을 훔쳐 달아났다가 다시는 살아있는 모습이 보이지 않았던 올림피아 팜필리의 유령이 떠도는 것이라고 전해집니다.

레닌

출몰 지역 러시아

특징
레닌의 유령에 대해서는 특별한 일화가 있어요. 모스크바에 있는 크렘린 궁전을 떠돈다는 소문이 레닌의 죽음 전부터 돌기 시작했어요. 심지어 레닌이 고리키에 있는 병원에 있는 동안에도 레닌의 영혼이 크렘린 궁전을 떠돌고 있었대요. 이런 현상은 지금까지도 일어나고 있으며, 모습을 보지 못해도 발걸음 소리를 들은 사람들이 많이 있다고 합니다.

에이브러햄 링컨

출몰 지역 미국

특징
백악관을 떠돈다는 유령은 여럿 있지만, 그중에서도 자주 나타나는 가장 유명한 유령은 바로 미국의 16대 대통령이었던 에이브러햄 링컨의 유령입니다. 대통령 당시 자신의 집이었던 백악관을 떠나기 싫어하는 링컨의 영혼은 집무실의 창문, 난로 앞에서 나타났으며 때로는 새로 백악관에 들어온 사람이 있는 방문을 두드리기도 한다고 해요. 그러니까, 그의 유령은 여전히 그곳에 살고 있어요!

글 페더리카 마그랭

1978년 이탈리아의 바레세에서 태어나 디에고스티니 출판사에서 편집자로 10년 이상 일하고 지금은 프리랜서 편집자이자 저자로 활동하고 있습니다. 주로 어린이 책을 집필하며, 교육과 관련한 책과 논픽션 책을 썼습니다. 소설 번역가로도 활동하고 있으며, 다양한 책을 집필, 기획 및 편집하고 있습니다.

그림 로라 브렌라

16세부터 그림을 시작했고, 스페인에 있는 마드리드 유럽대학에서 예술학을 전공, 장학금을 받으며 우수한 성적으로 졸업했습니다. 이후 2년 동안 카툰 과정을 수료했고, 유명한 애니메이션 스튜디오인 SPA에서 디지털 클린업 트레이닝 과정에 선정되어 해당 자격을 가지게 되었습니다. 그때부터 다시 그림 그리기를 시작하여 지금까지 다양한 삽화, 그림, 디지털 그래픽 작업을 하고 있으며, 활발하게 활동하고 있습니다.

옮김 김지연

한국외국어대학교 졸업 후 다년간 외서를 국내에 소개하는 일을 했습니다. 현재는 국내외 저작권을 중개 관리하는 팝 에이전시와 번역 그룹 팝 프로젝트의 대표를 맡고 있습니다. 두 아들의 엄마로, 아이들에게 꿈과 희망을 주는 그림책을 찾고 우리말로 옮기며 활발히 활동하고 있습니다. 역서로는 《사라진 루크를 찾는 가장 공정한 방법》, 《재난 생존 매뉴얼》, 《컨버터블 플레이북 시리즈》, 《씽크 스몰》, 《양심 팬티》, 《미어캣을 찾아라》, 《글자가 다 어디에 숨었지?》, 《내셔널지오그래픽 공룡대백과》, 《월요일은 빨래하는 날》, 《반달곰》 외 다수가 있습니다.

꿈터 지식지혜시리즈 67

세계 귀신 지도책

초판 1쇄 펴낸날 2019년 8월 1일 **초판 5쇄 펴낸날** 2023년 10월 27일
글 페더리카 마그랭 **그림** 로라 브렌라 **옮김** 김지연
펴낸이 허경애
편집 김하민 **디자인** 최정현 **마케팅** 정주열
펴낸곳 도서출판 꿈터 **출판 등록** 제2004-000242호
주소 서울시 마포구 양화로 156, 엘지팰리스빌딩 825호 **전화번호** 02-323-0606 **팩스** 0303-0953-6729
이메일 kkumteo2004@naver.com **블로그** blog.naver.com/kkumteo- **인스타** kkumteo
ISBN 979-11-88240-60-9 ISBN 979-11-88240-50-8(세트)

WS White Star Kids Publishers® is a registered trademark property of White Star s.r.l. © 2018 White Star s.r.l Piazzale Luigi Cadorna, 6 20123 Milan, Italy www.whitestar.it
All rights reserved. No part of this book may be reproduced, transmitted, or stored in an information retrieval system in any form or by any means, graphic, electronic, or mechanical, including photocopying, taping, and recording, without prior written permission from the publisher.
KOREAN language edition © 2019 by KKumteo Publishing Co. KOREAN language edition arranged with Whits Star s.r.l. through POP Agency, Korea.
이 책의 한국어판 저작권은 팝 에이전시(POP AGENCY)를 통한 저작권사와의 독점 계약으로 도서출판 꿈터가 소유합니다.
신 저작권법에 의하여 한국 내에서 보호를 받는 저작물이므로 무단전재와 무단 복제를 금합니다.

이 도서의 국립중앙도서관 출판예정도서목록(CIP)은 서지정보유통지원시스템 홈페이지(http://seoji.nl.go.kr)와 국가자료종합목록 구축시스템(http://kolis-net.nl.go.kr)에서 이용하실 수 있습니다.(CIP제어번호 : CIP2019028496)

어린이제품안전특별법에 의한 제품 표시
제조자명 꿈터 | 제조연월 2022년 10월 | 제조국 대한민국 | 사용연령 만 8세 이상 어린이 제품 | 주의사항 종이에 베이거나 긁히지 않도록 조심하세요.
책 모서리가 날카로우니 던지거나 떨어뜨리지 마세요. KC 마크는 이 제품이 공통안전기준에 적합하였음을 의미합니다.

* 잘못된 책은 구입하신 서점에서 바꾸어 드립니다.